销售背后的口才秘密

迟双明◎编著

成都时代出版社
CHENGDU TIMES PRESS

图书在版编目（CIP）数据

销售背后的口才秘密 / 迟双明编著 . -- 成都：
成都时代出版社，2016.12

ISBN 978-7-5464-1786-8

Ⅰ. ①销… Ⅱ. ①迟… Ⅲ. ①销售－口才学
Ⅳ. ①F713.3 ②H019

中国版本图书馆 CIP 数据核字（2016）第 319050 号

销售背后的口才秘密

XIAOSHOU BEIHOUDE KOUCAI MIMI

迟双明　编著

出 品 人	石碧川
责任编辑	陈德玉
责任校对	张　洁
装帧设计	范　磊
责任印制	干燕飞
出版发行	成都时代出版社
电　　话	（028）86618667（编辑部） （028）86615250（发行部）
网　　址	www.chengdusd.com
印　　刷	三河市祥达印刷包装有限公司
规　　格	710mm × 1000mm　1/16
印　　张	17
字　　数	230 千字
版　　次	2017 年 6 月第 1 版
印　　次	2017 年 6 月第 1 次印刷
印　　数	1–8000
书　　号	ISBN 978-7-5464-1786-8
定　　价	36.80 元

前言 PREFACE

当今社会，越来越多的人都在从事产品推销或与销售有关的工作，这是一个极其庞大的社会群体，并且，近些年这个群体数量还在不断上升当中。所以，对于从事销售的人员来说，当务之急就是尽快找到成功推销的口才秘密。事实上，要想成功推销产品，良好的口才技巧必不可少，只有具备了独特的语言魅力，才能够打开与客户沟通的大门。

美国超级销售大王弗兰克·贝特格曾经说过：“良好的口才，往往是交易成功的保障。”古人云：“一人之辩重于九鼎之宝，三寸之舌强于百万之师。”实际上，一流的口才能为销售人员增光添彩。在整个销售过程中，好的口才能够产生不容忽视的力量。良好的销售口才能够决定你的产品或服务能否顺利地推销出去，还能决定你与客户是否能够建立长久的联系。所以，要想成功地开展销售工作，就要具有良好的口才。

语言大师戴尔·卡耐基曾经说过，好的销售口才不只是语言的艺术，而且是多种艺术的综合，它融合了销售人员的语言魅力，对客户心态的把握，对具体情况的反应，对产品和服务的认知和表达，对成交技巧的掌控……它包含在销售的整个过程中，决定销售的方方面面，缺一不可。

你还在为与客户如何沟通而发愁吗？或者是还不知道怎么识别客户的成交信号？那么就翻开本书吧，它能够在短时间内让你掌握销售口才的秘密，使你不断提高销售业绩。本书从销售工作的实际出发，融合销售学与口才学的精华，结合了大量的销售实战案例，让每一个沟通策略都尽量做到“一看就懂、一学就会、一用就灵”。

目录 CONTENTS

第一章 口才秘密：生意不成话不到，话语一到卖三俏

第二章 会说开场白：特色开场6个字，销售根本不是事儿

第三章 会说客套话：见面套近乎，打开销售路

第四章 会说赞美话：赞美说得好，生意跑不了

第五章 会说玩笑话：找准幽默点，客户露笑脸

第六章 会说精明话：电话打出去，订单飞过来

第七章 会说专业话：先做产品行家，才能说服买家

第八章 会说巧妙话：挡住客户借口，留下生意活口

第九章 会看人说话：认清对象说对话，对症下药好推销

第十章 会说谨慎话：销售有禁忌，说话不踩“雷”

第十一章 会说促成话：摆平“价格战”，成交很简单

第十二章 会说挽留话：说服说到位，使拒绝变契机

第一章

口才秘密：生意不成话不到，话语一到卖三俏

好的口才是成功的关键，销售工作尤其如此。俗话说得好，“买卖不成话不到，话语一到卖三俏。”由此可见，一名出色的销售人员一定要有出色的口才。只有具备出色的口才，才能够让客户感受到你的魅力，才会心甘情愿地购买你的产品。

好口才是销售成功的敲门砖

古语云："一人之辩重于九鼎之宝，三寸之舌强于百万之师。"苏秦苦练捭阖之术，游说六国合纵抗秦，兼佩六国相印；毛遂自荐，出使楚国，促成楚、赵联盟，声威大振；诸葛亮舌战东吴谋士，最终使得孙权同意联刘抗曹……古人珍视善辩之才，今人也大多喜欢与妙语连珠的风趣之人相处、聊天。不论古今，口才好的人总会受到周围人的喜爱，能够比口舌笨拙之人更容易成功。这点在销售活动中表现得尤为明显。

对于销售员来说，拥有好口才，就如同拥有了一把万能钥匙，可以轻易打开"销售成功"的大门。好的销售口才，不仅仅是语言上的修饰，事理的阐述，它更是一种沟通的艺术。这包括销售员驾驭自我的能力和智慧，销售过程中的临场反应和应变能力，以及对客户心理的揣摩和掌握，对产品的阐述和认知等，都是销售员需要熟练掌握的口才要点。

营销小插曲

二战时期，美国军方向士兵推出了一个保险：如果每个士兵每个月交10美元，万一在战场上不幸牺牲了，将得到1万美元。这个消息自上而下一级一级传达给了士兵，希望大家购买。

结果出乎预料，在某个连里，没有一个士兵愿意购买。传达消息的连长很纳闷："这怎么办？怎么会是这个样子呢？"

仔细想想，其实大家的心理很简单，连命都没了，要钱有什么用，还不如用10美元买两瓶酒喝呢！所以，大家都不乐意买这个保险。

正在连长一筹莫展的时候，连里的一个老兵对连长说："我觉得您可以让我试着解释一下，帮您劝说看看。”连长半信半疑地看着他，最终还是同意了。

老兵站起来对士兵们说：“弟兄们，让我来说说我所理解的保险吧！是这样的，我们去战场上拼命，假如你投保了的话，如果在前线遭遇不幸，我们能得到什么？政府将会给你的家属1万美元，但如果你没有投保，你将白白送掉性命，你的家人什么也得不到，也就说你就等于白死了。你们想一想，政府是会派战死了要赔1万美元的战士上战场，还是战死了就战死了不用付任何赔偿的士兵上战场？”

大家听老兵这样一说，觉得似乎是这个理，便纷纷投保了。因为谁也不愿做那个或许会被最先派上战场而又有可能白白送命的人。虽然，这个故事有些黑色幽默，但是，如果你是那些士兵，听了老兵的这番话，估计也会心甘情愿地掏钱吧！

金口才的秘密

一个成功的销售人员，要培养自己的语言魅力。有了语言魅力，就有了成功的可能。好口才并不是天生的，而销售好口才就更需要去修炼了，尤其是刚入行的销售新人，应牢记以下几点，才能提高自己的语言魅力。

1. 售前学习

售前多下功夫，好好学习，对相关的专业知识、专业技能了如指掌，说起话来自然也就清晰流畅，面对客户也就能应付自如了。

2. 态度诚恳

做销售就是做人，客户认可你才会买你的东西。所以，如果你真心对待客户，每一句话都很真诚，那么即使你不十分健谈，也可以赢得客户的心。销售人员要记住：和客户说话时要态度诚恳、语气亲切，用心去交流。

3. 简明扼要

客户的时间宝贵，销售人员应尽量在最短的时间内、用最简洁的语言表达清楚自己的想法；同时，注意语言逻辑要清晰、语句简洁、意思准确，让客户一听就明白。比如运用并列句式：这款产品有三个特点，第一……

第二……第三……。

4. 加强实践

对于刚刚入行的销售新人来说，要多打电话、多约客户见面，要敢于和客户交谈。这样，就会在实践中积累起丰富的与客户沟通的经验，增加销售成功的概率。一次签单的成功会极大地增强你的自信，这反过来又会提高你的口才水平。

货卖一张嘴，全凭舌上功

货卖一张嘴，全凭舌上功。会说话，就能让客户满意，从而促成交易；不会说话，就容易让客户犹豫，甚至生气，从而使订单流失。销售无定式，但归根结底，成功推销就是找到客户最容易被打动的那根“心弦”，用得体到位的话去“拨动”它，让客户心甘情愿地掏钱购买我们的产品或服务。如何拨动呢？就靠我们能够随机应变的口才！

营销小插曲

老王是一家服装连锁店的老板，这天他和自己的朋友在自己店里聊天，这时候一个小贩提着一个箩筐进来了，一进门就大声吆喝：“老板，买腊鱼吗？我的腊鱼是本地最好吃的！”老王抬头一看，不耐烦地对小贩说：“赶紧走吧，我们不需要你的腊鱼！”卖腊鱼的小贩说：“老板您别急嘛，先看看我的腊鱼再说，我的腊鱼是自己从河里捞上来的，纯野生的，保证好吃！”老王说：“你说野生就野生啊！赶紧走吧！”老王不耐烦地招手示意小贩出去。小贩说：“我敢保证是纯野生的，我自己家里有船。每天到河里打鱼，自己打、自己烘，所以我的鱼个头大小不一样，但是价格都一样，绝对实惠。”

老王说：“我都不开火，都是在外边吃，买你的鱼没用啊！我是真的用不着！”小贩接着说：“一看您就是做大生意的人，天天在外边吃多不卫生啊，还是自己做着吃最安全最实惠。”老王说：“我没那个闲工夫做饭，也没人给我做饭，买鱼没用。”小贩说：“老板，这鱼的做法很简单的，在锅里蒸一下就好，我这还有豆豉辣椒，放在一起蒸，那味道绝对比饭店的好。”老王依旧坚持不要。

这时候，老王的朋友也都围过来了，准备看看这个小贩怎么说服老王买他的鱼。小贩见其他人都围了上来，更加热情地说：“看几位都是做大老板的人，我做生意也有自己原则，绝对不欺骗顾客，绝对不坑人、不少秤，一分钱一分货，我给你们尝一下我切好的腊鱼，你们自己尝尝看我有没有胡说？”

小贩又说话了：“老板，看您也是经常出差的人，我告诉您，您把豆豉辣椒蒸好放在保鲜瓶，可以放5天呢，这样你就可以随时吃上自己做的腊鱼啦！”

老板也被说得不好意思了，就问：“好多钱一斤？”小贩说：“我一般是卖40块一斤，今天遇到老板们也是缘分，就卖36块一斤，买3斤再送一瓶好吃的豆豉辣椒酱，到时候，您吃完了还想吃就打我电话。”

老王看这个小贩这么会说，愉快地接受了小贩的提议。小贩说：“各位老板都是命里带财的人，跟你交朋友肯定都会发财！祝各位老板生意兴隆，年年有余！”

老板听完之后，就对自己的朋友说：“今天，咱们也算是看到了什么叫‘销售高手’，不如我们每个人都买他3斤鱼，算是回报他吧！”

就这样，小贩成功地把腊鱼卖给了本来不需要的客人。

小贩接连使用“望”“闻”“尝”三板斧成功把产品推销给了客户，可谓是“货卖一张嘴，全凭舌上功”。

说服技巧是销售员赢得客户的重要“武器”，如何练就好的口才，让客户对你倍感亲切，是每一位销售员必须关注的事情。

金口才的秘密

唯有会说话，订单才会如雪花般飘来。反之，业绩就可能惨不忍睹。

在日常销售过程中如何才能说出客户爱听的话呢?

1. 事情不同，说法不同

不同的事要根据具体情况调整说法。例如，收取订金对客户而言就是件“坏事情”，这时最好先对客户说出结果，即他通过付出可能会得到的最大利益。一方面可以激发客户了解、购买的欲望，因为利益面前，没有人会退缩；另一方面可以借此试探对方的沟通底线。接下来只是如何沟通、帮助客户解决问题的事了。

2. 懂得试探性地“放话出去”

销售员其实大可不必急于表明自己的观点，而是要及早表明自己的态度，以此来试探客户的态度，这样才能及时转变方式，诱导客户“上钩”。所以，销售员要懂得试探性地“放话出去”，譬如在引出一个话题前，先说一段话作为铺垫，一边观察对方的反应，一边思考接下来怎么说才能更有吸引力。

没人愿意听“你买一个吧”

销售人员要想成功地实现销售，一个至关重要的环节就是先要用语言来吸引客户的注意力，使客户对你推销的产品产生兴趣，进而才有可能说服客户，让他最终做出购买的决定。在推销的过程中，要充分展示自己的口才魅力，应该想方设法通过短暂的接触和谈话来博取对方的好感，这是进行成功销售的一个必要前提。切忌在销售中说一些“你买一个吧”等类似低三下四的话，这样的语句不但没有吸引力也很容易引起客户反感。

营销小插曲

刘华是一个刚入行的销售员。一天，他拎着一个小包走进一家公司。

进去之后，他直接来到前台，用很低的声音问道：“小姐，请问你们需要pos机吗？”

“不需要！”

“买一个吧，很方便的！”

“你去财务部问一下吧！就在斜对面。”对方给他指了指。

“我进去怕打扰他们，您能帮我问问吗？”

“好吧，我帮你问问。”

之后前台进去询问：“主管，外面有个推销pos机的，要不要？”

“不要，小商贩的东西都不可靠。”

前台出来向刘华摇了摇头，于是刘华又走进了主管的办公室，踌躇地来到桌边，一时间竟忘了称呼，他几乎是在用乞求的语气说道：“要不要pos机，买一个吧！很方便的。”

“我们不需要，就这样吧。”主管头也没抬。

刘华又说：“这款pos机很便宜，而且很耐用，买一个吧！”

过了一会儿，刘华见一直没人理他，自觉无趣，最后只好悻悻地离开了。

乍看起来，刘华是让人同情的，但作为销售人员必须要知道，市场是不相信眼泪的，更不会同情弱者。因为刘华的说服语言平淡，基本上没有任何技巧可言，这就很难让人对他及其推销的产品产生兴趣，所以对他的拒绝也就在意料之中。

金口才的秘密

作为销售员，如果你将产品说得天花乱坠的话，反而会引起对方的反感，更不能说“这款产品销量很好，您也买一份吧”之类的话，这会让对方觉得你是在推销商品，而不是情感销售，所以说，良好的销售口才是打开销售大门的钥匙。

你可以从下面几点中获得启发：

1. 在客户心情愉快的情况下进行交流

营造良好的谈话氛围，这一点是非常重要的，但是，销售员并没有太多时间去等待客户有好心情，那么，你便需要用语言将对方的情绪积极地调动起来。

例如：你去拜访某位客户，他的办公桌上放着女儿的照片，你可以说“您的女儿真漂亮，您真是好福气”之类的话，对方会立刻打起精神来。

很多销售员过于急躁，觉得与客户交流就是将产品销售出去，所以像做广告一样，将产品的优势一股脑儿倒出来，反而会让客户讨厌，这样的话，谈话就无法进行下去。

2. 引导客户说出真相

在与客户交流的过程中，应该尽可能引导对方先说出他的问题和顾虑，例如，你要向某公司推销管理软件，可以说：“您的公司名气很大呀，我刚刚过来的时候，在路口就问到了具体位置，进来一看，大家工作都非常忙碌，工作的氛围很好。”对方可能会告诉你，这个企业规模小，但是各种事情非常多，虽然大伙都在忙碌，但是目前在管理上还是缺乏统一性。这个时候，你可以将话题转移到产品上来，说：“我今天给您带来了一些中小企业管理软件，但是不知道贵公司更关注哪方面的要素呢？是产品库存还是对外生成报表？”当客户爽快地说出要求的时候，说明他也产生了购买的念头。

3. 通过预约让客户坚定购买想法

当你发现客户有购买想法的时候，要做的就是帮助他们坚定这个念头，可以利用一些“小诱惑”，例如，你可以对客户说：“马上就是情人节了，我们的产品在销售的同时会赠送您三支玫瑰，您可以送给您的女朋友或是太太。”这样一来，会让对方觉得这是一次愉快的购物经历，甚至会立刻购买你的产品。

错失订单，这事儿不怨你吗

对销售人员来说，说话不能千篇一律，要把销售口才当作一门功课来认真对待，要把话说得好听、动听，因为很可能一句妙言就开启财源，而半句拙言就满盘皆输。很多销售员在推销过程中错失订单，就是由于不会说话，也不懂得说些客户想听的话。

营销小插曲

不妨来看一下销售员李强和张经理的对话。

“张经理，您好！”

“您是？”

“我是 ××× 金融公司的客户经理李强，我是想向您推荐一款我们公司最新的理财计划，可帮助您开源节流。”

“哦，请具体说说是什么计划？”

“我们可以针对贵公司当前的财务状况做一个总体评估，再调整我们的计划，最后告诉您如何通过使用我们提供的方法来盘活 1/4 的库存资金。”

“原来如此。”

“但我们公司有个合作条件，您需要先支付 500 元订金，才能继续了解这个项目计划。要知道，从长期的利益来看，帮您节省的资金可不是用这区区 500 块钱订金能计算的。所以，不如我们仔细商谈一下，您看……”

“很抱歉，我现在对您说的这个计划不怎么感兴趣，再见！”说着张经理就转身离开了。

很明显，张经理作为客户还不是十分了解李强所说计划的具体情况，而李强除了一句简单的敷衍介绍，也没有为张经理进一步说明计划的相关情况，只是强调先交订金才能拿货。对一个陌生的客户来说，眼前的产品还很陌生，销售员就莫名其妙地说出类似“计划能帮助盘活资金”的话，只会令对方觉得“你这么说是在暗示我们公司的管理有问题”或者“你这样说就是显示你们的计划比我们的管理方法还有效，我必须听从你们的指点”。

当销售员与客户还不够熟悉的时候，销售员如果像案例中的李强那样贸然说话，很容易让客户觉得“居高临下的你才是上帝”，或者让客户觉得自己被当众侮辱。销售员李强在错误的时间说了不该说的话，是导致销售失败的根本原因。

金口才的秘密

什么样的话客户想听，什么样的话客户爱听呢？客户不同，当然答案也是不一样的。销售人员要熟悉销售语言的特点，应先做到不说客户反感的话。

1. 专业

销售人员应对自己所推销的产品了如指掌，如果一问三不知，那么毫无疑问会影响客户的购买信心。

2. 真实

说假话是销售中的大忌，销售语言要具备真实性。

3. 建设性

当客户举棋不定时，你提出专业意见，会让客户尽快做出购买决定；而在销售谈判陷入僵局时，如果你能够果断地提出建设性意见，也会赢得对方的尊敬和信任。

4. 艺术性

要想客户爱听，销售语言还应讲点艺术，拒绝要委婉、说服要有技巧，言语间多运用一些比喻、幽默、赞美等。

5. 适应性

销售人员要注意语言表达的适当性，把握好客户心理，把话说对、说巧、说到客户的心里去。

敢开口：嘴巴一张，黄金万两

如果你是一名销售员，那么就必须明白，只有敢于与客户交流，才有可能提升自己的销售业绩。然而，在现实生活中，一些刚刚从事销售的新人或不自信的销售员总是不敢开口说话，从而导致销售业绩无法提升，或者干脆放弃销售工作。俗话说："嘴巴一张，黄金万两。"因此，如果销售员想要在销售界做得风生水起，就要敢于开口讲话。

营销小插曲

老李从20岁起就开始从事礼品销售的工作，到现在已经有20年了。20年的时间让他从一个对销售一无所知，遇到客户都怯生生的新手成长为一名顶尖的销售员，他清楚地记得自己第一个月的销售业绩是零，但是现在他每个月的销售业绩可以达到几十万元，他现在已经是公司的业务经理了。每次老李在培训公司的销售员时，总会说这样一番话："大家都知道，我曾经对销售一无所知，第一个月的业绩为零，我害怕和客户说话，害怕客户不购买我的产品，越是害怕，我越不敢说话，一开口就会语无伦次。但后来，我告诉自己，一定要成为最顶尖的销售员，我会成功的，不管遇到什么样的客户，我都要尝试着与其沟通。

"有一天，我主动与一位女客户说话，为了引起她的注意力，我顺手举起剃须刀说：'你要剃须刀吗？'她用奇异的眼光看了一下说：'啊！剃须刀？你有没有搞错啊！我又没有长胡子，要剃须刀干吗啊！'我微笑着看了她一眼，然后右手拿起剃须刀，轻轻地放在桌面上，然后又轻轻地动一下桌面上的剃须刀，接着深情地对她说：‘剃须刀是男人三大宝之首，每个成年男士都要剃胡子的，6 月 19 日是父亲节，就快到了，你想象一下，6 月 19 日那天，当你爸爸收到这份礼物时那开心的样子，你喜不喜欢？’‘是啊，我怎么没想到呢？’结果，这位女士很爽快地买下了剃须刀。自从这件事之后，我自信多了，我感受到了主动开口为自己带来的益处。在这里，我也想告诉大家，做销售一定要敢说，如果你不愿意开口，就不要做销售。”

老李说得很对，要想成为顶尖的销售员，大方、勇敢、主动地开口说是第一步，越是恐惧，越是害怕，越是会出现以下几种状况。当你面对客户准备介绍产品时，勇气就不翼而飞，大脑一片空白，畏畏缩缩无法开口，即使开了口，也是手心冒汗、声音发颤、语无伦次。或者当你拿起电话打给陌生客户时，不知道该说什么，即便说了也磕磕绊绊。首次拜访时不敢敲客户的门，敲开了也神色紧张，不知所云……这些都是心理上的恐惧导致的。

金口才的秘密

要知道，客户总是喜欢和大方、健谈的销售员谈话并做生意，而对那些说话、行为扭捏的销售员不可能有好印象。那么，作为销售员的你，该如何克服自身恐惧，敢于主动开口呢？

1. 做足准备，减轻心理负担

销售员如果能事先做好充足的准备工作，就能降低与陌生人交流的恐惧感。准备工作一共包括4项，分别为：设想自己与客户见面后说的第一句开场白；客户会对自己提出哪些问题；自己针对客户的疑问应该如何回答才妥当；倘若不幸被客户拒之门外，自己应该如何应对等。

2. 放下恐惧

有些销售员平时口才挺好，可见了客户却像换了个人似的，脸红心跳，不知说什么好，或者语无伦次、声音细小等。其实，这都是恐惧在作祟。而恐惧的原因，其一是怕说错话而难为情，在客户面前丢面子；其二是看轻自己、看轻销售工作，生怕客户看低自己。其实，大可不必这样，客户也是人，他需要你的产品，销售人员应消除恐惧心理，勇敢地去和客户交流；同时，还应正视销售职业、正视自己，下决心做好销售工作。

3. 多做心理暗示，鼓励自己

事实表明，心态良好的销售员更能创造出不凡的销售业绩。当销售员向客户推销产品时，一定不要让客户左右自己的心情，不管客户是开心还是愤怒的情绪，销售员都要保持平和的心态与良好的修养去应对。对自己多作一些鼓励，相信自己的销售能力。只要你表现出应有的自信心，就会感染客户，进而使客户产生购买该产品的欲望。

4. 锻炼在众人面前说话的能力

一般来说，绝大多数人在公共场合发表言论的时候，都会紧张不安，所以，销售员若要锻炼自己的心境，最好尝试在公众场合多说话。例如销售员可以进行一些轻松的话题，如此一来，当销售员与客户交流的时候，就不会胆怯。

综上所述，如果销售员想要提高自己的销售业绩，就需要端正自己的心态，克服胆怯心理，争取做到与普通消费者进行零障碍的沟通，增强自己的自信心。

练好金口才，客户自然来

有人说："练好金口才，客户自然来。"这句话对于销售员来说尤为重要。其实，销售的过程，就是用语言沟通的过程。每个人都有张嘴，但并不是每个人都有一张能说会道的嘴巴！从即刻起，将每一次与客户的洽谈当作对一件艺术品的创作，从语言到语调、从发音到语速等各个环节苦下功夫，练就好口才。

营销小插曲

销售酒店用品的刘梅旅行归来，在飞机上，她注意到邻座的女士正在翻阅一本酒店方面的杂志，于是她主动和对方打招呼："您好啊，我还是第一次看到女士看这类杂志，我猜您是做酒店管理的，对吗？"女士微微一笑，没有回答。（遇到恰当时机主动搭讪）

刘梅心想，这是默认了吗？继续与之寒暄："我叫刘梅，这是我的名片，做酒店用品生意的！"（递送名片，自我介绍）女士接过名片，问道："你们的产品都有哪些？"就这样两个人聊了起来，不知不觉飞机已经着陆，刘梅边解安全带边说："哦，聊了这么半天，我还没问您怎么称呼呢！"

女士略带歉意地说："不好意思，我没有带名片！"

刘梅："没关系，我可以加你微信吗？"（问清联系方式以便日后联系）

"好的"，女士接过刘梅递过来的空白名片，将自己的微信号（手机号）留在了上面。刘梅加上微信后，轻声重复了一句："赵娟，……对不

对？”（重要信息一定要确认清楚）

二人走下飞机，互相道别。第二天上班后，刘梅第一时间给赵娟打了电话。（第一时间打电话沟通，加深客户对自己的印象）

“赵总，您好，我是刘梅！”

客户：“刘梅，哦，想起来了，我们昨天见过面。”

刘梅：“是啊，昨天时间紧，有些问题没跟您深入探讨，我打电话给您，就是想抽空去拜访您一下，顺便看看您的酒店，您看什么时候方便？”（为以后见面打下基础）

客户：“好啊，好啊。您看什么时候方便就来个电话约一下时间。”

刘梅：“好的，我再给您打电话。”（给出悬念，并不急于见面与客户谈生意）

客户：“那就这样，再见。”

一个星期后的周末，刘梅给赵娟发了一条微信消息，告知近期有一个酒店用品展览会，建议赵总去参加。一来一往的微信互动，自然进一步加深了客户对她的印象。（强化信任关系）

很快，端午节要到了，刘梅给赵娟打了电话，向她问候并祝她节日快乐。（进一步拉近关系）

刘梅：“赵总，您好！我是刘梅啊，您还记得我吗？”

客户：“刘梅啊，想起来了，你最近还好吧？”

刘梅：“谢谢您还记得我。一直说去您那儿看看，可一直忙。这不，端午节就要到了，先给您打个电话，祝您节日快乐！”（送上节日祝福，让客户心暖）

客户：“谢谢！不过，我最近还真是想换换供应商，你什么时候方便，咱们聊聊！”

刘梅：“好啊，那我明天上午还是下午过去，您方便吗？”（给方案，让客户自己做选择）

客户：“那就明天上午 10 点吧！”

刘梅与赵娟面谈的结果是：赵娟成了刘梅的长期客户，从飞机上相识的两个陌生人成了彼此的好朋友、生意上的好伙伴。

刘梅之所以成功，她的口才以及沟通策略功不可没。销售口才可以让销售人员在工作中“步步为赢”，让交易成为水到渠成的事。销售人员，尤其是销售新人，请重视销售口才，从一点一滴做起，锻炼自己的销售口才，让其引领你步步登高。

金口才的秘密

销售人员在和客户交流时，还应注意以下 6 个技巧：

1. 语调，要明朗、低沉、愉快

如果你的语调偏高、声音偏细，应设法练习，让其变得低沉些、宽厚些，这样的声音才富有磁性、迷人。

2. 发音，要准确清晰

如果你发音不准、咬字不清，请大声地朗诵，或者跟着播音员说话，时间长了，就会改掉这一缺点。

3. 语速，要快慢得当

如果你说话速度过快，请试着刻意放慢语速；如果到客户那里召开销售会议或参加谈判等场合，语速也要相应放慢；另外，说话的语句不要太长，也不要太短，懂得适当停顿，这样可以引起客户的好奇心，让其集中精力听你说下去。

4. 音量，要大小适中

太大的音量让人感觉聒噪、不舒服；而太小的音量客户不但会听不清楚，也会感觉你缺少自信。所以，销售人员要注意调控自己的音量。

5. 表情，要生动

表情要能配合你所说的话、所要表达的意思，千万不可始终一个表情，当然也不能太夸张，尤其是第一次拜访客户时。另外，还应附带微笑，并适时发出愉快、爽朗的笑声，给客户带来好心情的同时也增加了客户对你的好感。

第二章

会说开场白：特色开场6个字，销售根本不是事儿

开场白是销售员与客户见面前两分钟要说的话。开场白说好了，给客户留下的印象会更深刻，因为开场白的语言是一个人内在素质的反映。本章将介绍开场白的“六字真言”，帮助销售员敲开客户的心门。

禁：开场白这么说，你就糗大了

销售员在跟客户沟通的过程中，开场白是很重要的一部分，好的开场白可以引起客户的兴趣，促使客户继续沟通下去；而糟糕的开场白往往让客户对销售员产生反感、鄙视甚至厌恶，这很不利于沟通的深入进行。所以，作为销售人员，不但要说好开场白，而且还要知道一些开场白的禁忌。

营销小插曲

客户："您好！"

销售员："您好，我想找一下贵公司的人力资源部经理。"

客户："我就是。你是？"

销售员："我是 ×× 公司的培训顾问，不好意思，我想占用您一点儿时间，不打扰您吧？"

客户："你确实打扰我了，那你就长话短说吧。"

销售员："实在抱歉打扰您，我想和您谈半个小时，您看现在方便吧？"

客户："你想和我谈半小时？有什么事情吗？"

销售员："这个一句半句说不清楚的。"

客户："如果你不说，我怎么知道你要做什么。"

销售员："那我给您说一下，我们做的是员工培训方面的……"

客户："这个啊，我们不需要，请回吧。"

案例中，销售员首先犯的错误是没有告诉客户自己的名字，这本身就是对自己不尊重的表示。然后他直接要求和客户谈话，但没有说明原因，引起客户的不满。后面还提出要谈半个小时，这让客户很快失去耐心，所以这个开场白是很失败的。

金口才的秘密

销售员应该提前准备好适合自己的开场白，避免下面这样的事情发生。以下是开场白常见的错误：

1. 急于求成

销售人员销售商品的过程，其实就是一个名副其实的说服过程，说服本不想购买的人购买商品。客户并不是能轻易被说服的，当他们看见销售人员时，往往都是抱着绝对不会购买的念头，因此，如果销售人员的第一句话就说得不当，想要和客户继续交谈就十分困难。

推销就是向客户卖东西。销售员应该认识到，推销是一个循序渐进的过程，需要按部就班地去攻克客户的心理防线，特别是那些对你的产品没有强烈需求的客户，更需要你从精彩的开场白开始，软磨硬泡，把没有需求的客户变成有需求的客户。

所以，销售员在进行推销时，不能急于求成，一定要在心态上摆正自己的位置，理清自己与客户之间的关系，然后按部就班地进行推销活动。

2. 说些低三下四的话

或许销售员认为谦虚的说辞可以赢得客户的好感，殊不知，这一连串的虚拟语气词表现出来的是极度的不自信。面对不自信的销售员，客户会产生很多负面的想法，是不是产品存在什么缺陷？是不是他有其他的借口？是不是他一直卖不掉产品？这样的开场白，导致的结果是客户由怀疑你进而怀疑到产品，因此销售员要尽量避免说些低三下四的话。

3. 自吹自擂

“王先生，今天我过来会给你带一个产品，它的优点被认为是不可估量的，我们已经在全世界范围内销售这种产品了。虽然它面世只有短短两周的时间，但是销售异常火爆，因为该产品的精密性是其他产品无法达到的。”这就是典型的自吹自擂式开场白。面对这种说法，任何客户都会马上产生“这个人是个骗子，产品是虚假的”的想法。此时，就算销售员立刻停止吹牛，也很难改变在客户心中的骗子形象了。假如销售员还继续吹嘘下去，客户很快就会产生抵制的情绪。因此，这种吹牛式的开场白是绝对要避免的。

4. 以自我为中心

生硬、刻板的强势口气会让客户觉得自尊心受到损伤。面对这种以自我为中心的销售员，客户会很快地结束和销售员的沟通。销售员就会因此而失去向客户进一步介绍产品的机会。

5. 谈论不适宜的话题

一般来说，销售员要注意“六不谈”：一是不谈政治、宗教；二是不谈球赛等分输赢的话题，如果要谈，一定要先了解，后评论；三是不谈不景气、没钱等丧气的话题；四是不说竞争对手的坏话；五是不说上司、同事、邻居、单位的坏话；六是不说其他客户的秘密。

以上这些自杀式的开场白，往往会使销售员陷入尴尬的境地，因此要尽量避免。

礼：礼貌用语，建立良好的礼仪形象

人与人的交往是很微妙的，一两句不当的话便可能破坏客户与你之间的感情，所以，一定要用恭敬有礼的说话方式与客户交谈，不要使对方产生不愉快的感觉。如果说话不礼貌，你一开口就会让客户反感。所以，开场白一定要有礼貌，这样才能获得客户的好感。

营销小插曲

情景1：

电话销售人员："您好，请问是王经理吗？"

客户："是的，请问有什么事？"

电话销售人员："王经理，您好，我是××公司的×××，有件事情想麻烦您一下！"

客户："请讲。"

电话销售人员："我已经把合作建议书发邮件给您了，请查收一下好吗？"

客户："好的，我会看的。"

电话销售人员："谢谢您，王经理，我会在星期二下午2:00给您电话。您看方便吗？"

客户："可以。"

电话销售人员："那麻烦您了，再次感谢！再见！"

情景2：

电话销售人员："您好，××公司，请问有什么可以帮到您？"

客户："我想咨询一下你们的产品！"

电话销售人员："请问怎样称呼您？"

客户："姓刘。"

电话销售人员："刘小姐您好，请问您要咨询哪一类产品？"

客户："是关于电话销售系统方面的。

电话销售人员：请问您是想了解单机版的还是多机版的。"

客户："单机版。"

电话销售人员："好的，单机版的现在正搞促销，价格是500元。您需要马上装吗？"

客户："怎么装？"

电话销售人员："刘小姐，请别着急，程序非常简单，我们有专业人员为您指导的。要不然，我 10 分钟之后让他给您打一个电话，好吗？”

客户：“好的。”

电话销售人员：“非常感谢您的来电，同时也非常感谢您对我工作的支持。谢谢！”

销售人员在进行推销的过程中，要有礼貌地推销。说话讲礼貌能增加客户的信任。

金口才的秘密

当销售员在对客户推销产品的过程中，说话不礼貌或态度过于冷淡，就会使客户觉得自己没有受到尊重，从而导致生意不能顺利谈成。因此，销售员在与客户交流的时候，需要注意以下几点：

1. 看着对方说话

不管销售员表现得多么礼貌，倘若他只是在一个人“唱独角戏”，而不给客户说话的机会，客户照样会感到很不开心。因此，销售员一定要看着客户的眼睛说话。但是，也不可一直瞪着客户，因为这会对客户造成一种压迫感。所以，销售员最好用温和的目光看着客户，并且诚恳地回应客户的疑问。

2. 经常面带笑容

销售员在与客户交流的时候，最忌面无表情。如果销售员面带微笑地与客户交谈，在一定程度上能够增加销售成功的概率。当然，如果对方正在因为某事伤心的时候，销售员不仅要收敛自己的微笑，还要从实际情况出发去引导对方购买自己的产品或服务。

3. 称呼要得体

一般来说，要想称呼得体，需要考虑以下四种情况。

（1）对方的年龄特征。见到年龄大的人，必须要用敬称。除此以外，还要注意看年龄要准确，否则，很容易闹出不必要的误会。

（2）对方的职业特征。近年来，人们的社交活动日益增多，人与人之间的称呼也趋向于多样化，比如“同志”“师傅”这样的称呼已经是过去式了。

（3）对方的身份。当遇到曾教导过自己的老师的妻子，而老师的妻子与自己的年龄相当的时候，最好不要叫对方“师母”，以免造成双方的尴尬，不妨称呼对方“老师”，因为不管对方从事什么工作，“老师”的称谓都是一种敬称。

（4）自己与对方之间的亲疏关系。当销售员在参加宴会的时候碰到很多人的时候，就要按照亲疏远近以及主次关系的顺序一一上前打招呼，通常情况下，按照先长后幼、先上后下、先女后男、先疏后亲的方式为最佳。

情：寒暄式开场，用温情打动客户

与他人初次交流时，由于彼此生疏，或多或少都存在一些防备与戒心，一时之间难以迅速找到共同话题。而且，即便是相熟的两个人，只要隔上十天半个月甚至是一年半载后再见时，时间也会在双方之间划下一道鸿沟，过去那种熟稔的感觉也不可能招之即来。因此，无论是生人相遇，还是熟人相逢，一番寒暄总是不可或缺的，就像运动员在正式比赛之前会做热身运动一样，寒暄就是正式交谈之前的一场热身活动。

营销小插曲

我们来看这个情景：

情景 1：

销售员：“张经理，几天不见您，将军肚变小了啊。”

客户：“哦，是吗？我最近每天晚上都出去锻炼。”

销售员：“晚上锻炼这么有效啊！我得向您学习啊。”

客户：“见笑了。”

销售员："对了，张经理，我听说您的公司要开分店，如果您大宗采购我们的办公桌椅的话，我可以给您打折。"

注意，销售员在夸奖客户的时候要客观，不要弄巧成拙，引起客户的反感。同时应注意避免粗俗的语言和过于的恭维话，如"久闻大名，如雷贯耳""今日得见，三生有幸"等。

情景 2：

夸赞客户周围的人，可以是其小孩、其得力助手等，让客户感觉心里美滋滋的，双方的心理距离自然就拉近了。

销售员："张总，这是您的闺女吗？"

客户："是的。"

销售员："长得真漂亮啊。"

客户："淘气得很呢。"

销售员："淘气的孩子都聪明。对了，张总，您公司办公室要更换办公桌椅了吧，我给您带了一份价格表，您看看。"

具体夸赞客户周围的哪个人，这也是有技巧的，如果看到客户的办公桌上有客户小孩的照片，销售员可以多夸奖孩子，这有助于为接下来的谈话打好基础。

金口才的秘密

一个巧妙而恰当的寒暄话题，就像导火索一样，能带来源源不断的新话题以及不断高涨的交谈兴致。那么，在销售的过程中，有哪些常见的情感式寒暄话题呢？

1. 日常类寒暄

例如"您好吗？""您吃了吗？""今天天气还不错哦！"这样的话题。

2. 家常类寒暄

有关家庭、家人、家中生活类的话题。例如“您孩子今年高考考得怎样？”“您父母身体还好吧？”等等。

3. 关系类寒暄

围绕关系，比方说通过彼此间同乡、同窗、同事、共同认识的某人等等关系来展开话题。像赤壁之战中，鲁肃与诸葛亮相见就说：“我，子瑜友也。”子瑜就是诸葛亮的哥哥诸葛瑾，这就是典型的关系类寒暄。

4. 职业类寒暄

聊事业、职业、行业、专业等话题。

5. 兴趣类寒暄

比方说年轻人聚在一起聊聊明星、时尚，球迷们聚在一起说说各自支持的球星以及球队等等。

借：巧借东风，提高声望

销售员要想在销售行业成绩突出，就必须学会表现自己，让客户看见自己的实力，客户才会相信你，也才会购买你的产品。在销售中，很多客户在乎的是与自己交易的对方是不是够权威，可信度高不高，这就是为什么他们宁愿选择以高价与知名企业合作，所以，从另一方面说，销售员适时地抬高身价，可能还会以新的价格“成交”。

营销小插曲

销售员：“您好！我是A销售培训公司的杰克。我不知道您以前有没有接触过A公司，但您肯定知道A销售培训公司是国内唯一专注于销售人员业绩成长的服务公司。冒昧地打扰您，主要是考虑到您作为销售公司的负责人，肯定也会十分关注那些可以使销售人员业绩提高的方法。”

客户：“是的，你们公司的销售培训的确在业界具有一定的知名度啊。”

销售员：“我想请教您几个问题（停顿），您现在的销售培训是如何进行的呢？”

客户：“是这样的……”

客户：“对了，你给我留一张名片吧，方便联系。”

销售员递上名片。

情景中的销售员利用的就是通过介绍自己是某著名公司的职员，借助公司的名声来提高自己的身价，从而与客户交谈，首先在客户面前建立了一种自信，让客户主动提出要名片，这样有利于推销成功。

销售人员以自己的高身价为开场白，往往可以帮助自己避免老套的对话，别出心裁，并使客户对自己产生信服感。

金口才的秘密

如果销售员的身价太低，客户和身边的人看不起你，把身价提高了，反而觉得你真了不起，是个大人物！所以在有些情况下，你可以适当自抬一下身价。那么，销售员该怎样自抬身价呢？

1. 借助权威机构

例如：“小姐，我是 ×× 大学研究院的周雄，我拜访您的目的是想和您分享一个对您非常有帮助的信息。”

这个例子借助了权威的机构作为自己的开场白，达到开场即做到吸引、说服客户的目的。

2. 借助公司威望

例如本节的销售情景所讲到的。

3. 借助权威专家

“陈总，您好。我是 ×× 公司的销售代表。我们公司即将在本市的水上乐园为我们的新产品做一个大型的展览活动，另外，我们还请来了本领域的专家王和，他将作为本次活动的主持人，我相信您一定会感兴趣。”

在这个开场白里，销售员向客户提到了行业领域的权威专家，来增加活动的专业性和正规性，从而让客户接受自己。

4. 借助自己的身份

当然，这种情况下，销售员本身就要有一定的身价，比如“打扰了，李总。我是钱江，是 ×× 公司的营销副总裁，不知道您对我们是否了解，我们是一家营销培训公司，在上海和广州都有分公司，我们为 ×× 公司等多家知名公司提供了多种服务。”

在这段开场白中，该销售员首先介绍了自己的职位是“公司的营销副总裁”来增加自己的权威性，从而让客户信服，接受自己的培训服务。

总之，不管你处于什么职位，也不管你做什么推销工作，不必过于谦虚客气，适度地自抬身价吧，就算被人笑，也比自贬身价要好，而且只要“抬”成功了，你就会从中受益。对于大多数的销售人员来说，自抬身价还有另外一个好处——肯定自己，并成为敦促自己不断进步的动力。因为身价抬上去了，你就应该使自己各方面都跟上去，否则你的身价就保不住了。

诱：诱导好奇心，激发兴趣点

好奇心是人类的天性，我们每个人都有好奇心。好奇心是人类行为动机中最有力的一种，在实际销售过程中，巧妙地利用消费者的好奇心，用新颖独到的开场白满足消费者的喜好，引起客户的注意和兴趣，那么就能在很大程度上促进交易的成功。

营销小插曲

一家司法考试辅导中心的电话销售人员想要劝说准备参加司法考试的陈 × 报本校的辅导班。

电话销售人员："您好，是陈 × 同学吧，现在能打扰一下吗？"

客户："您是哪位？"

电话销售人员："我是 ×× 辅导学校的于 ×。今天打电话过来是向您道歉的，希望您能原谅我的过失。"

客户："道歉？但是我们并不认识啊？"（对于莫名其妙的道歉，客户想必会感到疑惑和好奇）

电话销售人员："是这样的，以前我们学校的王老师在你们学校举行了一次免费讲座。最近，所有同学都收到了我们寄去的最新的课程价目单和免费辅导书，唯独落下了您。"

客户："原来是这样啊！"

电话销售人员："是的，我们感觉有点对不住您。不过为了补偿您，我们学校决定，如果您来听课的话，将会享受到比其他学员更优惠的价格。"

客户："是吗？那就说说你们的优惠措施有哪些吧！"

以上就是诱导客户兴趣的技巧，作为销售员的你可以借鉴一下。

金口才的秘密

客户的兴趣很重要，它是激发客户需求欲望的前提，销售员应该知道，对你和你的产品没有兴趣的人是不会成为你的客户的。所以销售员在说开场白时必须抓住客户的兴趣点，再根据客户的兴趣进行重点沟通。具体来说，想要充分激发客户的兴趣，主要有以下几种方式：

1. 引用名言名句

一天，一位经验丰富的销售员前去拜访一位大学教授，他的开场白是这样的：

“英国文艺复兴时期著名的哲学家弗朗西斯·培根曾将做学问的人以三种动物做比喻：第一种人，他称呼其为‘蜘蛛式的学问家’，这种人的研究材料不是来自外界的获取，而是自己肚子里本身就有墨水；第二种人，他称呼其为‘蚂蚁式的学问家’，这类人只懂得堆积材料，可是却不能在现实中正常使用；第三种人，他称呼其为‘蜜蜂式的学问家’，擅长采集百花精华，并用心去酿造蜂蜜。尊敬的教授先生，按照培根的比喻，您认为自己属于哪种学问家呢？”

类似这样的名言，如果与客户的身份相符合，那么一开始就能吸引客户的注意力。客户也会禁不住思考：“是啊，我究竟属于哪种类型呢？”如此一来，销售员就可以顺着这个问题使谈话继续下去。而推销成功的前提就是和客户有话说。

2. 激发对方的需求欲望

销售员刘坤在朋友小韩的介绍下鼓足勇气给王经理打了电话：“王经理，我是您朋友小韩的同学刘坤，我总是听他夸您年轻有为。”

王经理没有接话。

刘坤愣了一会儿，又接着说道：“如今工艺品十分走俏，也有了更大的市场。”

王经理说道：“只是，工艺品往往是质量差，价格又高，如今我也面临经营不善的情况，这些年我正为这件事发愁呢！”

刘坤：“王经理，我刚好在甲公司从事销售工作，我们公司有上百种高档工艺品想要拓展市场呢。”

王经理这才感兴趣地说道：“小刘，你能具体说一说吗？”

接下来，刘坤就将自己提前准备好的方案详细地跟王经理讲述了一遍，最终说服了王经理，并与之签订合同。

在这个案例的开场白中，销售员刘坤掌握了客户的想法后，开始重点介绍自己公司的产品，就这样在满足客户需求的同时，也顺利签下了合同。

3. 出其不意地发问

李娜作为一名销售员，她正在挨家挨户推销自己公司生产的高级果汁压榨机，当她看到一个家庭的男主人为自己打开门后，李娜开门见山地就问道：

“我冒昧问一下，请问您家里有高级的果汁压榨机吗？”

男主人一时间愣住了，过了一会儿，他的妻子说道：“我家有一台果汁压榨机，不过，并非是高级的。”

李娜接着又说：“我刚好带了一台高级果汁压榨机。”

她一边说，一边从自己的背包里拿出一台果汁压榨机，并当面向客户讲解使用过程并亲自演示一遍。

最终，李娜推销出去了第一台高级果汁压榨机。

这样开门见山的问法最大的好处就是，不让客户马上察觉到你向他们推销产品的企图。在生活中，人们一般喜欢主动去购买，而不是被动地去接受。销售员李娜就是抓住这一点，只是声称自己有一台高级果汁压榨机，并未曾询问客户是否愿意购买，由此引起了客户的兴趣。

利：利字当头，瞬间“秒杀”客户

资深推销专家戈德曼博士曾说过：“当你向客户推销产品或服务的时候，开头第一句话就显得尤为重要。”这句话说得很有道理，毕竟，客户总是比较认真地聆听对方的第一句话。当销售员说完第一句话，绝大多数的客户已经潜意识地决定是否要继续聆听对方了。因此，销售员需要在第一时间抓住客户的注意力。

营销小插曲

夏季，很多人都喜欢吃大排档，一杯扎啤配上麻辣小龙虾。在炎热的夏季别是一番风味。北京某大排档有这样一幕：

服务员：“小龙虾、小龙虾。吃一份送一份。”

急忙回家的客户，听到吆喝。停住向服务员问了问：“吃一份送一份，多少钱一份。”

服务员：“68 元一份，一份 20 只，1 斤多。”

客户：“那挺好！”

服务员：“我们只能堂食，不能打包，因为我们要积攒人气。我们是送一个代金券，改天拿着这张圈再免费送一份。”（先吸引客户，然后再细说促销细节）

客户：“是这样啊，你们真会骗人，我今天不能一块吃吗？”

服务员：“可以是可以，不过这东西吃多了对胃也不好。下次您再来，还可以再吃一次。”

客户：“好的！你给我来一份，然后再要几个烤串。”

每个人都有贪小便宜的心理，赠品就是利用人们的这种心理进行推销。很少人会拒绝免费的东西，用赠品做敲门砖，既新鲜，又实用。案例中，这个销售员，就是利用客户贪小便宜的心理为小店发展了客户。

金口才的秘密

“利”字当头，才能吸引客户。为此，销售人员要学会以下几个技巧。

1. 利用赠品吸引客户

在现实生活中，绝大多数人都有“占便宜”的心理。如果从这点出发，就会很容易引起客户的兴趣。例如：“李厂长，我们公司生产的机器比您目前正在使用的机器速度更快、耗电更少、使用更方便快捷，能有效节约您的生产成本。”“陈老板，如果我向您提供一个让您在毛巾生产上每年至少省下 6 万元的方法，您愿意听吗？”

2. 向客户许诺好处和利益

在日常生活中，我们不管是在报纸上还是在电视上都能看到广告承诺说：“免费向您提供……”“买二赠一”等语句。这就是向客户许诺免费的好处与利益，从而激起客户的购买欲望。当销售员首次拜访客户的时候，如果能直接许诺给客户一些好处或利益的时候，就能增加销售成功的机会。

3. 利用促销礼品吸引客户

利用礼品做促销时，一定要高喊礼品的名字，以吸引客户，不能产品卖出去了才把礼品送出去，这样就发挥不出礼品的作用了。

另外，促销礼品一定要足够吸引客户。例如：北京某小区，某网络公司在小区推广一款 APP。一销售人员高喊：“扫码免费送饮料！”一天下来，也没有发展多少客户。到晚上的时候，一个美容店做推广活动。也是扫码免费送礼品，不过他们送的是“大白”（动画产品）。不到 1 小时就发展了几百个客户。

第三章

会说客套话：见面套近乎，打开销售路

对销售人员来讲，销售过程是一个主动与人沟通的过程。谁能快速拉近与客户的关系，谁就拥有更多的商机。套近乎是交际中与他人沟通情感的有效方式。利用套近乎不但能迅速拉近与客户的距离，寻找与客户的共同点，诱发共同语言，为销售创造出良好的沟通氛围，同时也能很好地化解尴尬、冷场的局面，进而赢得对方的支持与合作。

懂客套：说好客套话，帮助会很大

成功的销售人员大都会说客套话。因为在人际交往中，客套话已经成为人与人沟通的一种润滑剂。会说各种各样客套话的人，总能在人际交往中如鱼得水。对于销售人员来讲，销售成功在很大程度上是建立在人际关系成功的基础上的。因此，销售人员应该多学几句客套话，一定可以为你的销售业绩加分。

营销小插曲

话务员：“您好！三洋公司！”

业务员：“您好！麻烦您，帮我转一下业务部！谢谢！”

业务部：“喂？”

业务员：“您好！我找孙经理！”

业务部：“嗯？我们这没有什么孙经理！您打错了吧？”

业务员：“啊！不会呀！是三洋公司的业务部孙经理啊？你们这是三洋公司业务部吗？”

业务部：“我们这里是业务部！但没有孙经理，只有王经理。”

业务员：“哦！不会是我朋友搞错名字了吧？对不起，先生！那我就找王经理。麻烦帮我转一下，谢谢！”

业务员：“哦，等一下！”

业务员：“王经理您好！我是致美公司小陈。今天冒昧打扰您是有件事想向您请教。”

王经理：“什么事啊？你怎么知道我的？”

业务员：“哦，刚才的先生介绍说您人很好，正好我想向您请教关于节省电话费的事情。王经理，我想了解一下，你们公司的电话用的是电信还是网通？”

王经理：“哦，我们用的是电信，怎么了？”

业务员：“我们公司刚开发出一套节省电话费的系统，想请教一下王经理，贵公司每月电话费支出是否超出 10000 元？”

王经理：有超过啊！什么系统？怎么说？”

业务员：“是这样的。我们公司在寻找一些电话费特别多的信用企业，免费提供节省电话费的一套系统。我们这款产品技术相当成熟，目前在北京已经有 10 多家著名企业在使用我们的产品，所以今天想请教一下王经理，看看贵公司是否达到我们赠送的要求。”

王经理：“哦，免费？什么要求？”

业务员：“嗯，就是电话费方面，你们已经达到要求了。贵公司的信用方面我已经了解到了，还是非常好的，贵公司的好多客户都称赞贵公司呢。”

王经理：“那是！你这免费不会真的免费吧？一定是噱头！”

业务员：“王经理，真的是免费的，我们可不是随便哪家公司都送的，不然我也不会这么谨慎地来请教您啦！这样，贵公司的基本要求都比较符合，我马上和我们经理请示一下，下午我过去就具体赠送方式和您确认一下，您看是下午 3 点钟比较方便还是 4 点钟？”

王经理：“哦，那就 4 点钟吧！”

业务员：“嗯，好的，那下午 4 点钟，我到您办公室找您！到时见！”

王经理：“好！”

业务员：“不打扰王经理了，非常感谢您和我聊了这么久，很愉快，下午见，拜拜！”

王经理：“拜拜！”

这个电话，真正涉及的产品内容并不多，却成功地约见了客户。从开始的接线员到最后的王经理，业务员充分利用了客套话，成功找到了要找的人。业务员的客套话不仅拉近了与客户的关系，而且也用客套话巩固了与对方办公室人员的关系，最后成功地约见了客户。

金口才的秘密

要与客户套近乎，首先要让对方接受自己，然后在彼此之间建立一种好的关系。对销售人员来说，与客户的关系拉近了，才能更加详细地介绍自己的商品来吸引客户，客户的注意力被吸引了，才可能对产品产生兴趣，从而引发购买的欲望。谁能快速拉近与客户的关系，谁就拥有更多的商机。

下面介绍几种优秀的销售人员常用的套近乎的技巧：

1. 通过提问探知客户的需要

提问是引起客户注意的常用手段。在销售访问中，提问的目的只有一个，那就是——了解客户的需要。“您需要什么？”这种直接的问法恐怕客户自己也不知道需要什么。

销售人员在向客户提问时，利用适当的悬念以引起客户的好奇心，是一个引起注意的好办法。一位优秀的销售人员对提问是非常慎重的。通常提问要确定三点：提问的内容、提问的时机、提问的方式。此外，所提问题会在对方身上产生何种反应，也需要考虑。恰当的提问如同水龙头控制着自来水的流量，销售人员可以通过巧妙的提问得到信息，并促使客户做出反应。

2. 巧言巧语打动客户心

一位卖皮鞋的售货员，他对从自己的柜台前漫不经心走过的客户说了一句：“先生，当心摔跤。”客户不由得停下来，看看自己的脚面，这时售货员乘机凑上前来，对客户会意一笑：“您的鞋子旧了，换一双吧！”

一位远道而来的推销商与客户洽谈，为了吸引对方的注意，他很喜欢用这样一句话来开始介绍他所销售的产品：“说真的，我一提起它，也许你会不耐烦而把我赶走的。”这时客户会很自然地回答：“噢？为什么呢？照直说吧！”不用多说，对方的注意力一下集中到推销商以下要讲的话题。

3. 用旁证引领对方的兴趣

在唤起注意方面，销售人员广泛引用旁证往往能收到很好的效果。一家著名的保险公司的经纪人常常在自己的老主顾中挑选一些合作者，请他们介绍一些朋友给自己认识。一旦确定了销售对象，经纪人征得该对象的好友某某先生的同意后，上门访问时就会这样对客户说："某某先生经常在我面前提到你！"对方肯定想知道到底说了些什么，这样双方便有了进一步商讨洽谈的机会。

见什么人说什么样的客套话

销售讲究"见什么人，说什么话"。由于每个人都有不同的性格，即使是同一需要、同一动机，在不同的消费者那里，表现方式也有所不同。所以，为了能够真正把话说到客户的心坎上，生意人不仅要了解客户的需要、动机，还要对不同的客户有一个基本的认识，这样才能有的放矢，马到成功。

营销小插曲

梅梅在一家服装店做导购，这家服装店主要面向三四十岁的女性人群。一天，有一位50多岁的老大姐来到梅梅的服装店，在衣服架上拿下一件衣服左看右看。这时梅梅就向她介绍衣服的特点，听完梅梅的介绍后，老大姐就笑一笑，什么也没有说。然后她又拿起一件衣服来看了看。

梅梅："大姐，这一款挺适合您的"。

大姐说："你们家衣服看着都太年轻艳丽了，我都这么大年纪了，哪穿得出去呀！如果我再年轻20岁，肯定买。"

梅梅听了后，笑着说："大姐，我理解您的想法。人这一辈子为了什么？年轻的时候为了孩子省吃俭用，现在孩子们都结婚了，人又上年纪了，该为自己想想了。现在日子好了，不愁吃不愁喝的，人应该越活越年轻，您说是吧？"

大姐听了后，笑了："你说得对，现在日子比那些年好多了。"

梅梅接着说："现在很多像您这样年龄的人，可想得开了。您看广场上那些天天跳舞的叔叔阿姨，穿得多漂亮多时尚，根本看不出年龄来。自己心态好，就觉得自己回到了20年前，人一高兴，精气神都好起来，还不爱生病。您看那些整天嘻嘻哈哈的人，心态好了，不长寿都难，您说对吧？这就是漂亮衣服的作用，所以您也应该让自己再年轻20岁，这件衣服您穿上试试，买不买无所谓。"

大姐听完，非常高兴，进试衣间穿上后，出来在试衣镜前打量自己，脸上的笑容更灿烂了，最后这件两千多块钱的衣服就这样成交了。

金口才的秘密

销售是讲究针对性的，销售过程中的客套话也不例外，也要讲究其针对性，即见什么人说什么样的客套话。

下面是5种不同类型的客户，以及针对他们的不同的客套话策略，希望能帮助你熟悉这些类型的销费者，努力扩大应对的范围，优化应对方法。

1. 对优柔寡断的人

当销售员和这种类型的客户打交道时，就要掌握住主动权，并且积极地运用销售语言向他提出一些积极的建议。另外，一定要多用肯定句式，使客户感觉到你是站在他的立场上考虑的。如此一来，客户就会在你的促使下做出购买决定。

2. 对疑心重的人

当销售员与这种类型的客人打交道时，就要充分展示自己的诚意以及对该客户提出的疑问表现出足够多的重视，例如："您提出的这一问题真是一语中的，我也有过类似的疑问，只是，如果想要解决这一问题，我们还需要多交换一些意见。"

3. 对沉默寡言的人

这类人的话相比其他人来说会比较少，最多是问他一句，他才会回答一句，不过，销售员面对这种类型的客户时，就要说有用的话，而不是絮絮叨叨地惹人讨厌。一般来说，这种类型的客户也是说一是一，对于销售员来说反而是好事，与之交流更容易促成交易的顺利达成。

4. 对爱讨价还价的人

在生活中，我们常常看到一些人为了鸡毛蒜皮的利益而热衷于讨价还价。这种人普遍有占小便宜的心理，所以，当销售员与这类人沟通的时候，就要在口头上做出妥协，例如说“我卖给您的，可是最低的价钱了。”或者“您真会讲价钱，再没有比卖给您的价钱更低的了。”这样使他感到自己占了一点便宜，又认可了其“砍价”的本事，更容易让其购买自己销售的产品。

5. 对喜欢炫耀的人

对于喜欢炫耀自己的人来说，总是最喜欢听恭维、赞美自己的好话。当销售员与这类人沟通的时候，就要注意对其多加赞美。当然，销售员只需要有选择地聆听对方的话。总而言之，你对这类客户多一点赞美，就会多一点回报。

用客套话化解他人冷落

对销售人员来讲，销售过程是一个主动与人沟通的过程。正因为是主动，就不可避免地存在一些被不想购买东西的客户故意冷落的现象。化解被冷落的场面，说一些对方感兴趣的客套话，这是销售人员应该掌握的基本技能，要知道，如果一个销售人员仅仅是因为受到了冷落而打退堂鼓的话，那他一定不会成为一个成功者。

营销小插曲

一次，销售员小李在一位客户的办公室外等候，由于没有提前预约，客户的秘书知道他是一位销售员，因此就不把老板的工作行程告诉他。同时，为了防止小李要求她这么做而故意冷落小李，不跟小李说任何话，希望小李觉得意兴阑珊而自动离开。

这时，小李突然注意到在秘书的桌上放着一本厚厚的畅销书。于是，他问秘书小姐："这本畅销书你看了没有？"秘书回答说："正在看！"他又问："你觉得这本书有趣吗？"

她坦率地说："没趣！不过快要看完了。"

"我也读了这本书，完全不是因为兴趣，而只是为了学习知识。这种想法真是无奈，就像我现在的工作一样。另外我再推荐给你几本既有趣又值得学习的书吧。"小李再度打开话匣子。

秘书回答："怎么你跟我的想法一样？看来我们在某些地方的看法还是很相似的。哦，对了，刚刚我查了老板的行程表，他今天下午4点会有半个小时的时间。"

客户之所以这样做，只是想通过对销售人员的冷落来传达一种"我对你的商品不感兴趣"或"我根本不想买你的东西"的信息。这种冷落看起来好像很难破解，因为如果客户是正面拒绝，他起码会跟我们对话沟通，只要存在沟通，我们就有很多"从拒绝到接受"的机会来完成销售过程，但是，面对一个完全拒绝沟通的客户该怎么办呢？这时，客套话就发挥了它积极的作用。

金口才的秘密

如果在销售过程中被人冷落，也可以这么做。

1. 接受被冷落时的沉默语言

当销售员被人冷落的时候，不要刻意回避它，而是要承认它存在的客观性。只有这样，销售员才能在被人冷落的时候不再害怕。

2. 敢于表现勇气的语言

当销售员受到冷落的时候，总是在潜意识地存在退缩心理。其实，应该越是被冷落，就越要表现出自己的阳刚之气。另外，也要对自己被冷落的原因做一个深度的剖析。

3. 平息抱怨的反省语言

当销售员受到冷落后，第一反应总是会生气，只是，一味地自怨自艾对于被冷落的情况来说是无济于事的。所以，要反省自己，不再抱怨。

4. 主动感化的态度语言

有些销售员往往在与客户的交流中存在这样一种心理，即理解是相互的，你搭理我，我就搭理你；你不搭理我，我也不屑于搭理你。其实，这是小肚鸡肠的表现。对于成熟的销售员来说，应该看问题更全面客观一些，有时候也需要做出一些让步或牺牲。

5. 谈论双方有共同点的话题

当销售员与客户沟通的过程中，客户总是沉默寡言，就需要了解没话找话的窍门。寻找当下最热门的新闻话题，引起对方的兴趣，从而使谈话能够进行下去。寻找话题的标准有 3 个，分别为：至少是一方熟悉的话题，能够深入谈下去；双方都比较感兴趣的话题，爱谈；留有继续探讨的余地，方便交谈。

用客套话缓解尴尬局面

销售员在对客户推销产品的过程当中，多数会面临比较尴尬的局面，例如：客户叫错自己的名字等。如果销售员能够熟练掌握一些谈话艺术，就能在与客户进行谈话的时候控制住全局，进而调动起谈话的氛围，让客户跟着自己的思路进行思考。所以，当面对类似叫错名字的尴尬局面的时候，销售员应该用说客套话的方式化解尴尬。

营销小插曲

周月发作为一名销售人员，被客户叫错名字是常有的事情，谁让他的名字与著名的电影明星周润发很相似呢！可是，当周月发被叫错名字后，非但不生气，还会加以利用，作为缓和谈话氛围的契机。例如：

周月发在拜访客户的时候，非常谦逊有礼地说道："您好，请问您是赵老师吗？我是H公司的小周，前几天曾跟您通过电话的，您还有印象吗？"

"嗯，我知道，你的名字叫周润发，是吧？"或许是周润发这个名字太有名气，赵老师脱口而出地说道。

"哦，您和我的很多客户一样记错了我的名字，实际上，我的名字是周月发。"

赵老师愣了一下尴尬地说道："真是抱歉，你看我，因为每天太多事，搞得记忆力下降，不要介意啊！"

小周微笑着说道："没关系，见到我的人都说周润发还没有我帅气。"

赵老师这才笑着说："呵呵，快请进。"

在这个案例中，周月发的名字被客户叫错后，反而运用诙谐的指正方法，最终让双方皆大欢喜，使得关系也更加融洽。

金口才的秘密

在销售活动中，冷场问题多半出现在初次接触的客户中，因为两个初次见面的人，彼此之间都缺乏了解，在这种情况下往往使双方陷入僵局。打破僵局的方法就是说客套话。人们不妨以这样的方式开始破冰，如问问工作情况。而对熟识的人，还可以打听一下身体状况等。但还需要注意以下几点。

1. 客套也要流露出真挚的感情

以客套话打破冷场，一定要表现出诚意，要真心实意地询问对方，不要让别人感觉你带有明显的目的性。

2. 以询问工作进展、身体状况的方式，展开谈话内容

客套的内容可以从询问工作进展、身体状况开始，这是一个非常好的沟通方法。可以这样问："最近工作忙吗？可要注意身体啊！身体是革命的本钱，不要只顾着工作而忽视了健康呀！"这样一来，对方不但能感受到你对他的关心，还能迅速消除彼此间的陌生感，为进一步交流奠定基础。

3. 依照行动确定客套内容

比如，与客户交谈，因为找不到话题而陷入冷场，此时，你就可以依据客户当时的行动展开客套话，可以用"您马上要下班了吧"这样的客套语打开话匣子，这种问话，既大方自然，又使对方感到亲切，让对方愿意与你交谈。

4. 适可而止，因势利导

做任何事情都应有个"度"，客套也不例外。恰当适度的客套话有益于打开谈话的局面，打破尴尬与冷场，但切忌没完没了，时间过长。有经验的销售员总是善于从客套话中找到契机，因势利导，言归正传。

客套话在销售中的作用是十分重要的，他不仅能很好地帮助销售员开场，还能在陷入冷场后调和谈话气氛，但并不是任意的客套话都能起到这种作用。不恰当的客套话很可能会弄巧成拙。而如果销售员能从以上几个方面努力，就能与客户建立起沟通的桥梁。

给人面子的客套话

作为销售人员，无论在何时，都必须尊重客户，没有人会希望自己被别人看得微不足道。在推介产品时，你也许会发现客户买不起你的产品，你或许会认为他是在浪费你的时间，但是如果你表现出对他的漠视，甚至羞辱客户，就是“自断生路”。这个时候，你就要说些给客户面子的客套话，这是一个成功的销售人员必学的招数。

营销小插曲

岳阳的销售成绩是公司上上下下有目共睹的，他已经作为公司的先进个人拿了两次先进奖了。当然，他的成功并不是轻易得来的，有很多的经验已经在全公司被推广学习。其中，有一条就是会说既得便宜又卖乖的客套话，既让客户满意，又让自己满意，还得了一个好人缘的名声。

一天，在大家的要求下，他给大家做了一个示范。

客户问：“这一套浴具多少钱？”

岳阳答：“5800元，这一套比较有档次，而且用着也舒服，质量可以绝对放心。”

客户问：“这么贵？”

岳阳答：“您能看上这一款，说明您是有眼光的。这一款是我们卖得最好的。”

客户：“嗯，东西是不错，可以再便宜一点儿吗？”

岳阳做出犹豫的样子：“这样吧，看在您是老客户的分儿上，我去跟我们经理商量一下，看能不能给您打个折，因为据我所知，这是最后一个了。您稍等一下。”说完，岳阳离开了。不久后回来说：“本来经理说不可以，因为这种浴具的定价并没有高出进价多少，但是我跟他一再重申，说您是老客户了，经常光顾我们店，经理勉强同意了，说可以优惠您500元钱，您觉得怎么样？”

客户见岳阳真的是为自己的事尽心尽力，心里着实感激，很痛快地付钱走人了，还很高兴地对岳阳说：“小伙子很实在，下次我还来你这儿买东西！”

销售人员与客户在产品质量或其他方面发生意见分歧是常见的事，问题的关键是如何处理这些分歧。当面指责客户肯定是错误的，因为客户也是要面子的。

金口才的秘密

销售员在与客户进行沟通的时候，一定要维护好客户的颜面，只有这样，才能进一步发展合作关系，使谈话得以进行下去，那么，销售员需要注意以下三个方面：

1. 态度温和，言语轻柔，避免当众指正

中国人总是把面子看得极为重要，如果销售员让客户没面子，那么几乎可以预见交流的失败结果。当销售员在公众场合与客户谈话的时候，用温和的态度，轻柔的语言与之交谈，即便客户说错了什么，也不会当面驳斥，而是在没人的时候再指正客户。如此一来，客户才会愿意与之更进一步交流。

2. 注重自己面子，也不失客户面子

对于销售员来说，大多数时候为了指导客户尝试一些新的经营方式的时候，总是一味地指出对方在经营方面存在的各种缺点，而在现实生活中，没有人愿意听这种明显贬低的言论。所以，当销售员在指导客户的时候，最好首先肯定或赞许客户原本经营中的一些好的地方，之后再用建议性的语气，例如“我认为”“我想”等来建议客户进行改正，因为保全了客户的面子，客户反而更能接受你的提议。

3. 把握机会，肯定客户和抬高客户

绝大部分客户都把面子放在第一位，也乐意在他人面前展现自己的长处。当销售员在拜访客户的过程中，不可避免地要与客户面对面聊天，如果销售员能够把握时机，运用赞美的话抬高客户的形象，就会使客户对其产生好感，进而方便销售工作的顺利进行。因此，销售员要学会抓住一切能展现客户特长的机会，让客户满足面子的同时，又对你刮目相看。

别让客气话成了“可气”话

所谓客气话，也叫客套话。有人片面地认为，用多说客套话的方法与客户套近乎，只有好处，没有坏处。实际上，客套话是一柄双刃剑，一方面能让不熟悉和不那么亲近的人感受到你的礼节和敬意；另一方面如果过于客套，那就是在有意拉大你和客户之间的距离。因此过度客套反而阻碍了人与人之间的善意和坦诚的交流。

营销小插曲

琼斯作为一名销售新人，经过一段时间的培训后，大概了解了有关销售的部分知识，然后就走上销售岗位了。接下来，琼斯将会去拜访他人生中的第一位客户。在培训课上，琼斯学会了见到客户一定要表现出自己良好的修养，主要是增进与客户之间的联系，还要说一些场面上的客套话。他经过一系列准备后，就按响了客户的门铃。

“请问您是……？”一个老年男子打开门看着琼斯诧异地问道。

琼斯非常有礼貌地回答道：“您好，您应该就是安先生吧？我是琼斯，很高兴见到您。”说着，琼斯率先伸出手。主人礼节性地与他握手后说道：“你好，只是，请问你找我有什么事？”

琼斯接着说道：“没经允许，就冒昧地前来打搅您，真是抱歉，如今又

占用您宝贵的午休时间，我心里也感到有些过意不去。您能原谅我吗？”

主人随意地说道：“噢，没关系。您的目的是什么？”

琼斯从打开的门缝里看了一眼屋内的摆设，故作夸张地说道：“我只是看了一眼您屋内的摆设，就可以预见您一定是个会享受生活的智者，我说得对吧？”

“多谢夸奖，只是，你找我究竟有何贵干？”主人的语气表现得已经有些不耐烦了，再加上自己正在午休的小孙子开始哭泣，很显然是被吵醒的。

“嗯，再次感谢您愿意抽出您的宝贵时间跟我说这么多的话，我内心对此非常感激。只是，我还想再占用您一点儿时间，来说说……”

此时，主人愤怒地说道：“够了！我实在对你的谈话不感兴趣，另外，你已经占用我太多的时间了！”说完，就大声地甩上门。琼斯既窘迫，又不知道自己做错了什么，他还在想：“难道是因为我对客户的礼貌表达得不够？”

实际上，琼斯之所以推销失败，就是因为他讲了太多啰唆的客套话，从而忽视了太多的客套话也会有让人不胜其烦的负作用。

金口才的秘密

其实，销售员在与客户第一次见面时，讲过一遍客套话后，接下来就尽可能地减少说类似的客套话，如果一直说下去，客户就会表现出不耐烦，甚至认为你在故意浪费他的时间。

销售员不管在什么时候，都不要忘记沟通的最终目的是交流感情以及使客户对你的产品感兴趣。当然，当销售员与陌生人进行沟通的时候，必不可少的就是说客套话，只是，过多的客套话会让人不胜其烦甚至使谈话不能正常进行下去，这样就适得其反了。

当销售员向初次见面的客户说几句客套话的时候，主要是表示自己对客户的尊敬或感谢，而不是流于表面形式，不分场合地随意套用。例如：当有人帮你捡起掉在地上的物件时，你只需要说一声“谢谢”就可以了。但是，一些人却非要说："嘿嘿，真是太谢谢你了，另外，我觉得自己不该用这些小事情麻烦你，真让我觉得不好意思，再次对您表示深切的谢意……"类似这样的客套话，任何一个人听见后都会感到不舒服。可是，大多数销售员还是在不经意间犯下这些小毛病。时刻谨记："己所不欲，勿施于人。"

小心暗礁，客套话也有禁忌

销售中，对于寒暄的用途我们都已知晓，它能帮助销售员迅速消除初识的新客户的戒心，增进与老客户的感情；当交谈陷入尴尬境地时，它能帮助我们打破僵局，缩短人际距离，向交谈对象表示自己的敬意等。所以说，在与客户见面之时，若能选用适当的寒暄语，往往会为双方进一步的交谈做出良好的铺垫。寒暄是一件好事，但也并非一件易事，寒暄的客套话也应有所禁忌，如果把握不好，触及客户内心的暗礁，就会适得其反，对销售工作造成不利影响。

营销小插曲

程前是一名销售新手，主要销售女士保养品。他是个机灵的小伙子，但常常因为口无遮拦，得罪不少客户。

有一天，店里的老客户陈女士来了。陈女士和丈夫刚离婚半个月，但似乎心情也不差。

这位陈女士原本是店长的好朋友，程前想套套近乎，就主动和对方打招呼："陈姐，最近皮肤保养得不错啊。"

"哪里有？你真是说笑了。"

"我可没开玩笑，比你没离婚的时候还好呢！"程前一说完，陈女士的脸色马上就变了。这一点，程前也感觉到了，为了挽回自己的过失，他准备弥补一下。

“你看我这乌鸦嘴，其实，离婚了也没什么不好，您还拿到了一大笔孩子的抚养费，这也不错。”这话不说倒好，程前一说出口，对方的脸色更差了。程前知道已无法挽回了，也不再作声。后来，这位陈女士再也没来店里购买过保养品。

遇到老客户，自然需要寒暄一番。但很明显，程前的寒暄之语却适得其反，得罪了客户。因为通常情况下，人们都有一些自己不愿被人提及的事，如果你不识时务，将这些问题以客套话的形式说出来的话，必将会导致客户的反感。

销售员的开场白对客户的影响很大，如果第一句开场白能引起客户的兴趣，那就可以比较容易地将产品销售出去。相反，如果销售员的第一句话不能引起客户的兴趣，那就要在之后的销售过程中花费更多的口舌去说服客户。寒暄的作用就体现在此，但如果触犯了一些寒暄的禁忌，那么，开场白不仅不能引起客户的兴趣，也许还会让他们反感。

金口才的秘密

在销售中，客套话不能随便说。特别是以下几点：

1. 客户的隐私

案例中的销售员就犯了这方面的错误。在寒暄的过程中涉及客户隐私的话题是绝对不能提的。通常来讲，涉及隐私的话题有收入、家庭、婚姻等。当然，如果客户愿意主动告诉你，则另当别论。

2. 寒暄语不可冒犯客户

寒暄语应当本着友好之意，敬重之心，不可戏弄客户，也不可敷衍了事打马虎眼，“瞧你那德性”“喂，你又长膘了”之类的寒暄语，应禁用。

3. 寒暄语要尊重对方的风俗习惯

随着我国经济的发展，对外开放的深入，销售工作已经走出国门，客户对象也逐渐扩大到外籍人士。同这些客户沟通，我们自然首先想到的是同他们寒暄一番，以示友好，并为进一步进行有效的销售工作奠定基础。然而，由于社会、文化背景和风俗习惯等方面的不同，我们认为很善意或很正常的寒暄语往往会使这些特殊的客户感到不快、讨厌，甚至发怒，从而产生了一些不必要的误会。

的确，寒暄语具有非常鲜明的民俗性、地域性等特征。例如，在阿拉伯人中间，人们常常喜欢这样问："牲口好吗？"听到这话，估计很多中国人都会生气，但这却是他们友好寒暄的常用语，这表达了他们关心被问者的经济状况如何。

就连中国国内，南北文化也有很大的差异，比如，老北京人爱问别人："吃过饭了吗？"其实，这句话的意思就是"您好！"您要是回答"还没吃"，意思就不大对劲了。如果用这句话问候南方人或外国人，常会被理解为："要请我吃饭""讽刺我不具有自食其力的能力""多管闲事""没话找话"，从而引起误会。

因此，作为销售员，在与客户寒暄前，最好先对其能接受的寒暄语进行了解，掌握以上几点寒暄语的禁忌，在与客户联络感情的时候就能有效避免尴尬。

第四章

会说赞美话：赞美说得好，生意跑不了

在这个社会上，所有人都喜欢被人赞美。毋庸置疑，当销售员不遗余力地赞美客户时，客户会感到心情愉悦，进而乐意与之继续交谈下去。所以，销售员在与客户交谈的时候，千万不要吝啬赞美之词，而是要神情自然地赞美对方，这样会让客户产生满足感，同时，销售员推销产品的过程也会变得更加顺利。

好钢用在刀刃上，好话说到心坎儿上

真诚地赞美客户，一直都是销售员获得客户好感的最有效方法。法国作家安德烈·莫洛亚说过，“美好的语言胜过礼物”。在实际生活中，每个人都有一些不同于他人的东西，并常因此而引以为傲，希望为人所知，受人称赞。销售员如果能真诚地赞美客户，就可以满足他的虚荣心，从而获得其好感。

营销小插曲

马丽开了一家服饰店，当起了老板。她的店铺位置并不怎么好，但令人惊讶的是，开张不久，她的生意就已经应接不暇。同行对此非常好奇，很想了解她的经营秘诀，于是便偷偷地观察她。

马丽个子娇小，性格活泼，说话亲切，待人友善，是那种让人一见就喜欢的人。有一天，一对年轻的夫妇来到她的店里看衣服。一见到有客人来了，她连忙上前向他们热情地打招呼。

这对年轻的夫妇看了一会儿，年轻的妻子便在一件漂亮的大衣前挪不动步了。见此情形，马丽便适时地走上前去，得体地向那对年轻的夫妇推销了起来。听了马丽的介绍，两人更加心动了。不过，那位妻子还是表露出遗憾的表情：“这件大衣确实非常不错，可惜太贵了！”

“价格方面有商量。关键是合不合您身，如果您穿起来不合身，不能彰显您的优雅的气质和曼妙的身材，即使送给您也没用，对吧？不如您试穿一下吧？”

等她试穿完后，马丽问："您穿上去之后，感觉如何？"那位妻子回答说："感觉是很好，只是价格太贵。"

"您肯定明白这样的道理：'一分钱一分货。'如果价格太低了，成本都收不回来啊。其实，您也可以这样想一想，您把这个价格除以十，因为这件大衣您至少可以穿十年。而且当您参加同学的婚礼或某个重要的宴会时，穿着这件品位出众的大衣一定会令您增色不少。同时，迷人的穿着会让您先生赏心悦目，大方高贵又会让您先生倍有面子。您说是不是呢？"

马丽一边说一边看看那位妻子，又看看那位丈夫。这时候，丈夫虽然没说什么，但脸上的表情已经出卖了他——他想为年轻的妻子买下这件大衣。

于是，马丽又说："小姐，您真幸运，有许多太太到这儿都看上了这件大衣，可惜并不是每个人都适合穿这件衣服的，不过您的气质真的和这件大衣很配的。"马丽这一番话说得这对年轻夫妇心花怒放，最后，两人买下了这件价值不菲的大衣。

销售往往就是这样：赞美说得好，产品就畅销。马丽平时在和客户交谈时，总是懂得察言观色，善用得体的赞美去夸奖客户，所以客户都很乐意听她说话，很多客户都成了她的回头客，而且还经常给她推荐新客人。长此以往，试想一下，马丽的生意能不兴隆吗？

金口才的秘密

1. 赞美要真诚，发自内心

销售员在与客户沟通的过程中，赞美客户会很快取悦对方，并能让自己在客户心中留下美好的印象。但是，在赞美的时候，一定要真诚。赞美的同时要提出相关的问题，促进对方不断地思考，保证交流沟通有效地进行下去，随后再谈产品销售的事也就会顺利多了。所以，真诚的赞美是增进情感交流的催化剂。

2. 赞美客户不是简单地溜须拍马

有很多销售员过度赞美客户，一味地奉承、巴结客户，这会让客户感觉很不舒服，甚至会激怒客户，伤到客户的自尊心。因此，销售员在赞美客户时，千万不要把赞美与奉承、巴结、拍马屁混为一谈。

销售员运用赞美的时候，要遵循以下四大原则：

（1）语气热情、诚恳、流利、顺畅。

（2）语言简要、易懂，尽量讲平常所说的。

（3）有理有据，时刻与产品、客户本身相关的事情联系在一起。

（4）不奉承、不巴结，言行要体现出专业性。

3. 赞美要正中下怀、恰到好处

虽然每个人都希望得到别人的赞美和尊重，但赞美一定要恰到好处，太过分只会适得其反，使人产生反感。应该承认赞美是拉近人与人关系的良好方式，但是，赞美的话说得太夸张，就成了拍马屁的行为；而把正常的赞美当做奉承、拍马屁，也说明销售员对"赞美"的认识很肤浅。

突破口，就在你的"美言"下

一名业绩非凡的化妆品销售高手在谈到他的经验时说："我的前辈常教导我，要了解化妆品的本质。化妆品不是生活必需品，不是大众化的便宜货。所以，在推销时要下狠功夫，利用赞美的语言，拉家常的方式，让客户产生爱美之心，燃起她对美的向往。"

营销小插曲

在一家高档建材城，导购小赵对一位穿着讲究的太太观察良久，他发现，这位太太在一款地砖面前驻留了很久，好像若有所思，小赵觉得"拿下”这个订单有了一个很好的突破口。

小赵：“阿姨，您的眼光真好，这款地砖是我们公司的主打产品，也是上个月的销售冠军。”

客户：“多少钱一块啊？”

小赵：“这款瓷砖折后的价格是 150 元一块。”

客户：“有点贵，还能便宜吗？”

小赵：“阿姨，您家在哪个小区？”

客户：“在东方威尼斯城。”

小赵：“东方威尼斯城是市里很不错的楼盘了，小区的绿化非常漂亮，而且室内的格局都非常不错，交通也很方便。买这么好的房子，你们家的经济实力很强呀。我们近期正在对东方威尼斯城的客户做一个促销活动，这次还真能给您一个团购价的优惠。”

客户：“可是我现在还没有拿到钥匙呢，不知道具体的面积怎么办呢？”

小赵：“您要是现在就提货还优惠不成呢，我们按规定要达到 15 户以上才能享受优惠，今天加上您这一单才 12 户，还差 3 户。不过，您可以先交订金，我给您标上团购，等您知道面积了，再告诉我具体面积和购买量。”

这样，客户提前交了订金，两周之后，这个订单成交了。

在这个故事里，导购的几句赞美正好说中了这位太太的心思。为了不丢掉自己的面子，她无法再说出“没钱”的借口了。巧妙地让客户把借口收回去，好比医学上强调的“预防重于治疗”。购买的理由保留了下来，成交便成了现实。

销售就是要和“拒绝”作战，就是要在客户说出“没钱”的借口之前，预先堵住这个缺口。怎样堵？最好的办法就是用赞美的语言阻止他说出“没钱”二字。

金口才的秘密

赞美客户是件好事情，但并不是一件简单的事。尤其是那种毫无根据、泛泛而谈的赞美，更有奉承之嫌，那么，作为销售员该如何赞美客户呢？

1. 赞美要有根据

销售员在赞美客户时一定要有根据，这里的“根据”，指的是赞美要实事求是，要具体，这样才显得真实，容易让人接受。那么，哪些是赞美中的“根”和“据”呢？

这其实很简单，我们可以尽量让赞美细节化，避免泛泛之谈。比如，在与客户交谈的时候可以赞美客户的经历、办公室的布置等。

“张总，您那个部门的小赵说您是一个非常平易近人的领导，真是不假，一见到您，我就觉得特亲切。”

2. 间接赞美比直接赞美更有效

不太适合直接赞美客户的时候，可以选择间接赞美的方式，而这一方式通常更能彰显出赞美的效果。间接赞美的方法有如下几种：

（1）赞美客户最关心的人或事

比如说客户是位年轻女士，为了避免误会与多心，不便直接赞美她。这时，不如赞美她的丈夫和孩子，你就会发现这比赞美她自己还要令她高兴。

再比如，当你发现客户开着一辆与众不同的汽车时，你对客户说：“这车，真好看！”客户自然会高兴，但并没有真正起到赞美客户的作用，因为车子是否不错是厂商的功劳，客户只是花钱购买，而如果你对客户说：“这车保养得真好！”或“你挑车的眼光真好！”这就真的是赞美客户了。

（2）借用第三者的口吻来赞美

有时候，借用第三者的口吻来赞美会更有说服力。比如说：“怪不得小张说您越来越漂亮了，刚开始还不相信，这回一见可真让我信服了。”这样就比说“您真是越长越漂亮了”好得多，还可避免恭维、奉承之嫌。

（3）从否定到肯定的赞美

这种用法一般是这样的："我很少佩服别人，但您是个例外。"这样的赞美更显真实。

3. 善于发掘客户的亮点，赞美要有新意

真正的成功人士毕竟是少数，更多的是平凡人，他们鲜有卓越的成绩，因此销售员在面对客户时，应该从客户身上的具体事件入手，任何细节都不放过，只有赞美得深入具体，客户才会觉得你对他足够重视，也才能感觉到他所获得的肯定是真实可信的。

4. 发挥语言的魅力

语言是一门艺术，赞美也不例外，只有对语言准确把握好才能得体地说出赞美的话语。要根据对象、时机、场合的转换，用不同的语言措辞恰当地表达赞美之情。语言是销售员与客户沟通的重要手段，赞美要真诚，用语恰当与否也是一种表现。

总之，赞美要落到实处，就要找到具体的赞美点，这个赞美点必须是客户身上真实存在的，在赞美时指出细节，说明它的特点，给出自己的评价，这样的赞美会让客户觉得有真实感，认同你的说法，从而改变态度，就你的推销进行商谈。

赞美"太露骨"，客户怎么不反感

赞美的语言非常微妙，把握不好，反而会弄巧成拙。所以，销售员千万不要说空话、大话，这反而会招致客户的反感。赞美的内容必须是真真切切发生在客户身上的事情。如果销售员的赞美没有一句符合事实，客户听了就会产生怀疑和抵触情绪，还会给对方留下一个"太虚伪，不值得信任"的印象。

营销小插曲

前几天，新来的小王好不容易联系了一个客户，结果话还不到三句对方就把电话挂了。

小王："薛总吗？您好！我姓王，是 ×× 公司业务代表。你是成功人士，我想直接和您谈些问题。"

"对不起，王先生，你过奖了，我现在还有事，以后再联系吧。"对方将电话挂掉。

小王放下电话，接着又打了 10 多个电话，可每次的结果都一样，刚搭上话就被拒绝了。他放下电话，看上去情绪很低落。小邱见他不吱声，过去安慰他："小王，你知道客户为什么不肯与你讲话吗？"

小王说："约见客人难，大家都知道，但两句话就被对方拒绝，觉得非常丢人。"

小邱对小王说："赞美客户是必要的，但赞扬的话不能太空洞，而且最好是结合具体的事实。像你这样一上来就大肆地赞美对方，反而会让对方产生一种心理上的抵触。其实你一开始应该表明自己的来意，让客户有个心理适应过程。"

那些基于事实、发自内心的赞美才能引起陌生人的好感。与陌生的客户第一次沟通，销售员通常不太了解对方，若无根无据就给对方"戴高帽子"，反而显得十分虚情假意。太露骨、太空洞的奉承会给人一种急功近利的感觉。那么，销售员如何赞美对方，才能做到具体实在、有骨有肉？

金口才的秘密

赞美客户不可太露骨，销售员在赞美客户时一定要把握好以下几点：

1. 要有事实作为基础

每个客户都有值得赞美的地方，客户曾经取得的成绩，一些值得骄傲的过去都是不争的事实，这些事实是销售员在交流过程中的基本依据。带有事实依据的赞美会触发对方内心深处的感受，让客户可以心安理得地接受，从而加深对销售员的印象。

2. 找到一个可以来赞美的“点”

销售员必须找到赞美客户的一个出发点，然后从这个点来展开话题。千万不要想到什么说什么，这样不但客户无法理解你的意思，甚至你自己也不清楚在说什么。

3. 找到客户的优点或长处

销售员要善于挖掘和发现客户身上所具备的优点和长处，比如性格、脾气、工作等。当然，这个优点必须是客户认可的，如果销售员只是凭自己的想象想当然地赞美，有可能赞美的优点正好是客户的痛处，这反而会适得其反。所以，在寻找客户优点和长处时，一定要试探性地确认一下。

4. 真实的赞美客户

对客户的赞美必须要真实、具体地说出来，这样销售员的赞美才会显得非常具有说服力。

赞美要围绕不同年龄、性别来展开

在销售过程中，对客户施以有针对性的赞美，可以在瞬间拉近双方的距离，消除陌生感，打开对方的心扉。由于性别、年龄的差异，每个人的审美观和兴趣都不同，所以，销售员在赞美客户的时候，不能生搬硬套，对每个客户都用同一套赞美的语言。有的话老年人也许感兴趣，年轻人听了就会不舒服；有的话男人爱听，女人就不爱听。对于不同性别、职业、性格和年龄的客户，要采用不同的赞美语言，千万不可一刀切。

营销小插曲

作为一名销售员，要时刻站在客户的角度思考问题，说的每一句话要真真切切地从客户的内心出发，这才是制胜的关键。

一位销售员向一位穿着时髦、化妆浓艳的年轻女士推销一款护发素。

销售员："你的头发经常烫染吧，如果能做一次全面的护理，将会更加有助于保护您的发质。这款护发素的质量非常好，小姐要不要考虑一下。"

客户："下次再说吧。"

销售员："小姐，现在像您这么有气质、有品位的人实在太少，没有好的头发，再好的发型也会大打折扣的。所以，您不妨先试用一下？"

客户笑笑说："那好吧。"

一个二三十岁的年轻人不管有钱没钱、地位如何，关注最多的肯定是与同龄人相比，自己是否更优秀、更成功；一个四五十岁的老板不管事业多成功，他可能关注最多的是自己的子女将来的发展；一个六七十岁的老人不管身价多少、经历如何，他可能最关注的是自己的健康。由于不同年龄段的人群关注点不同，因此，销售员的赞美角度也应该不同。

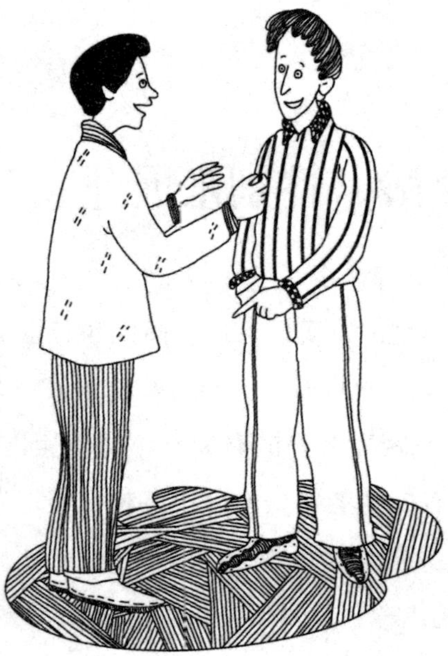

不同层次的人在购买产品时会呈现出不同的心理特点，赞美的角度也就不同。所以，销售员平时就要多积累经验，

针对不同年龄段人群的特点，多总结一些赞美性的语言，这样才能在面对客户时运用自如。

金口才的秘密

同样意思的赞美语，用在不同客户的身上不一定都合适。客户有别，赞美的方式、内容等应有所不同，才能真正达到赞美的效果。

1. 男女有别，赞美也应有别

喜欢被赞美是人的天性，男女都一样喜欢听到美语，只是他们喜欢听的内容不同。销售人员应注意：（1）赞美女性客户，可从其外表、内涵气质以及其才艺技能等方面入手，对于年长的女性，还可赞其对子女的教育、对家庭的付出等；（2）赞美男性客户，可将其人格魅力、独特本领、社会贡献、家庭亲友、辉煌事迹等作为切入点进行赞美。

2. 年龄不同，赞美也该不同

人在不同的年龄段，其身心特点及追求等都不相同，爱听的话也不相同。（1）面对青年客户，销售人员可赞其年轻、时尚，有活力、有能力、有个性、有前途等；（2）面对中年客户，销售人员可从其事业、家庭、经济实力、人脉关系以及其举手投足的成熟、稳重等方面进行赞美；（3）面对老年客户，销售人员要赞其身体、年龄、阅历、爱好等，但要尽量避免涉及年龄。

3. 职位有异，赞美自然有别

（1）如果面对的是公司客户，销售人员不妨赞其发展历程、公司品牌、产品质量、服务态度等；（2）如果面对的是个人客户，销售人员可赞其仪表、谈吐、举止、才华、家庭情况等；（3）当面对老板的时候，销售人员要强调对方的经营管理能力，可借助他人之言、媒体报道等；（4）当面对办事人员的时候，销售人员要着重强调对方的办事能力，赞其发展、晋升潜力。

另外，不同性格特征的人，想听的赞美语也不尽相同。销售人员在赞美之前，还应准确把握客户的性格。这样才能真正掌握赞美他的法门，否则，你的赞美可能会自讨没趣。

总之，好钢用在刀刃上，好话说到客户的心坎儿上。尽管客户不同，赞美应有差别，但销售人员要记住一点：真诚、具体、符合场景、有个性等要点应贯穿于所有赞美之中。

“马屁”不可拍在马蹄上

作为一名销售员，最重要的就是要做到被客户接受。被越少的人拒绝就意味着越成功。那么，怎样才能做到被接受呢？

在销售的过程中，赞美是行之有效的方法。人们喜欢赞美，但却不喜欢奉承和拍马屁，因为那是虚假的。那到底赞美和奉承有什么区别呢？

简单地说，发现一个优点加以夸奖就是赞美，强加一个优点就是奉承。销售人员要把赞美当作一种习惯，在为客户服务的过程中不失时机地送出赞美这份额外的礼物。通过赞美，把最真诚的感谢献给客户，那么在赞美中获得客户的回报也是必然的。

营销小插曲

一位销售木地板的销售员走进了一家房地产开发公司总经理的办公室。之前秘书已经跟他交代过：“王总很忙，你最好在五分钟内把事情讲完，否则你得到这单生意的机会微乎其微，他是一个惜时如金的人。”

销售员被带进办公室的时候，王总正伏案处理一些文件，销售员于是坐在办公室的沙发上等候。过了一会儿，王总抬起头，与销售员进行了下面的对话。

王总：“你好，这位先生，有事吗？”

销售员：“您好，王总，我是 ×× 地板公司的销售员 ××。刚才在恭候您的时候，我一直在观察您的办公室，您的办公室布置得可真漂亮，让人一进来就感觉心里很敞亮。”说话时，销售员的脸上出现了对这间办公室非常神往的表情。

王总：“是吗？你倒是提醒了我，刚搬到这里的时候我也非常喜欢这里的办公环境，可是工作太忙了，现在我甚至一连几周都顾不上好好看它一眼。”

销售员：“我真的羡慕您，假如我自己能有这样一间办公室，即使工作辛苦一点儿我也不会在乎的。您知道，我是做地板生意的，我还从没见过比这更漂亮的办公室呢。”

说着，销售员走过去，用手来回抚摸桌子上的一块镶板，那神情就如同抚摸一件心爱之物。

销售员：“这是用英国栎木做的，对吗？英国栎木的组织和意大利栎木的组织就是有点不一样。”

王总：“不错，这是从英国进口的栎木，是一位专门同细木工打交道的朋友为我挑选的。你对木制品还真是有研究。谢谢你的赞扬，实际上这桌子是整个办公室我最喜欢的东西。”

接着，王总滔滔不绝地讲了自己如何设计这间办公室、当初如何创业等，还搬出他亲自漆过的、引以为豪的几把椅子。销售员认真倾听着，并不时给予回应或由衷的赞美。时间不知不觉就过去了一个多小时，王总还是意犹未尽，好像遇到了知音，直到最后谈到了销售员推销的木地板。结果，这位销售员轻而易举地拿到了该公司的两个楼盘项目的订单。

有时候，一句适当的赞美比贵重的礼物更让人珍惜，但赞美要发自内心，要经过思考，要有诚意，否则将适得其反。

销售员切记不要对自己不熟悉的东西妄加评论，即使是赞美也要把话题引至自己熟悉的领域中来。

金口才的秘密

只有当我们能够拿捏好赞美的火候时，才能让赞美发挥到最大的效用。那么，如何把握赞美的火候呢？

1. 赞美要具体，不能太抽象笼统，一味地泛泛而谈

例如，“张总，您的办公室可真漂亮。”这句话听起来就像是有意恭维。而“张总，您的办公室装修得虽然简洁却很有品位，可见您是一个做事干练的人。”这样的赞美就很恰当。

2. 赞美贵在自然，千万不要做作

例如，有的销售员去客户家推销时，只要见主人是女的，便张口就说“您长得真漂亮”“您打扮得真漂亮”或“您显得真年轻”，这样的赞美就显得不够自然，甚至会遭到女主人的反感。

所以，为了避免你的赞美引起对方的误解，千万不要没头没脑地就大肆赞美。你对对方的赞美应与你们眼下所谈的话题有所联系。

对方提及的一个话题，他讲述的一个经历，也可能是他列举的某个数字，或者他向你解释的一种结果，都可以用来做赞美的引子。例如，“您说的某某事件真让我大开眼界，您的见识真是广博”。

3. 赞美要注意措辞恰当

一位男青年晚上在饭店碰到一位认识的女士，她正和一位女伴在用餐，两人刚听完歌剧，穿戴很漂亮。这位男青年眼前一亮，很想恭维一下对方，他说：“今晚你看上去真漂亮，很像个女人。”对方生气地说：“我平常看上去什么样呢？像个男人吗？”

在一次大型公开销售报告会上，会议主持人向观众介绍说：“这位就是刘女士，这几年来她的销售培训工作做得非常出色，也算有点儿名气了。”结果刘女士非常不悦。

可见，这些原本想要赞美的话会因为用词不当让对方听起来不舒服，结果自然是事与愿违。所以，销售员在表扬或赞美他人时也请谨慎措辞。

来点新意，别跟所有的客户说同样的话

在与客户沟通中，赞美客户能达到快速取悦客户的目的，并在客户心里留下好印象，因为每个人都喜欢听赞美的话，对赞美自己的人自然会有好感。如果我们希望赞美起到最佳作用，最好用点儿心，使得赞美有新意。否则，毫无新意，只是一味奉承的话反而增添了客户对你的不信任感，拉开了你和客户之间的距离。

营销小插曲

郑小姐原本是位身材苗条的女士，但自从生下第一个孩子后，身材完全走形了。为此，她现在无论买什么衣服，都不像以前那样干脆，而是会反复斟酌，直到自己认为真的合适才会购买。

一次，她去一家服装店买裙子，试了很多个款式，总是觉得不合适。她站在镜子前感叹道："怎么就没有一件适合我的啊，唉。"

这时候，专卖店的老板走上前去，笑着说："怎么了，美女，你的气质这么好，穿什么衣服都会好看的，试试这件吧，或许更适合你呢。"说着拿过来一条连衣裙。

听了老板的这番话，郑小姐拿过裙子，进了试衣间，一会儿，当她出来的时候，在镜子前不断地扭来扭去，她感觉自己穿上这条裙子还真是挺合适，而且非常漂亮，脸上露出了满意的微笑。但这时候，老板又说了一句话："真是赏心悦目啊，您身材这么好，穿上这条裙子真的太漂亮了，跟电影明星似的。"

郑女士听完，脸色马上变了，顺便说了一句："您是不是对每个试衣服的女士都这么赞美的啊？"

虽然郑小姐用了一个"您"字，但老板明显听到郑小姐口中的不悦，因为她已经放下衣服，离开了专卖店。

案例中，郑小姐之所以没有购买自己看中的那条裙子，是因为老板那句毫无新意甚至有点不符合事实的赞美："真是赏心悦目啊，您身材这么好，穿上这条裙子真的太漂亮了，跟电影明星似的。"对此，郑小姐的回答是："您是不是对每个试衣服的女士都这么赞美的啊？"可见，不是任何女士都完全认同别人对自己美丽、漂亮的夸赞，如果情况不符，就会显得虚假，你的赞美就产生不了作用。

金口才的秘密

作为销售人员，该如何让赞美显得更有新意呢？以下几点可以参考：

1. 于细节处赞美

比如，如果客户是一位女性，一开始就夸对方："你很漂亮"，客户一方面会感到高兴，另一方面会不知所措。所以，单刀直入的夸奖之前一定需事先扎根，否则的话只会成为令人难于接受的奉承。对此，我们不妨一反常态，从一些细节处赞美。比如，夸赞对方所带的东西或饰品等，例如："你的衣服很合身""饰品很可爱""发型很有特色"……

这些夸奖的话，表面上是在夸奖东西，事实上是在夸对方有眼光，而被夸的一方不但不会不知所措，反而因为自己以外的东西受到赞美而感到高兴，她们会认为和你在价值观上存在很大的共同之处，这样，一下子就缩短了双方的距离。

2. 赞美对方的精神层面

（1）赞美对方的态度和行为

像"言行得体""活泼大方""容易亲近"等夸奖，为了在不同程度和不同模式上夸奖对方，你必须准备一些话语，仔细观察对方，在适当时机说出来。

（2）赞美对方的品质

比如，当面对的是一位男士的时候，在销售过程进行的最后，不妨说出这样的话："我觉得您是位值得尊敬的人""我觉得您真是位体贴的男士"……无须修饰，脱口而出，给对方留下好印象。

（3）赞美对方的品位

如你可以赞美客户的穿着："听说您退休前还是一名服装设计师，是吗？怪不得呢，您今天这样搭配，让人觉得耳目一新，您肯定有一套自己的搭配秘诀。"这样的赞美，多数情况下都会让客户心花怒放。

所以，只有有新意的赞美，才能把赞美说到客户心里，加倍提高他的自信，这样才有助于我们的销售工作！

懂得用赞美为销售铺路

无数销售经验告诉我们，人都是有虚荣心的，没有人不喜欢别人的赞美和奉承。当听到别人的赞美和奉承之后，一般人都会心花怒放，尤其是一些虚荣心比较强的人，更是高兴得不亦乐乎，在这种情况下，满足对方的虚荣心才有机会征服和俘获对方的心。一位百万富翁曾经坦然地说："我就是喜欢听奉承的话，自己喜欢听，别人也喜欢听。"既然客户有这个心理需求，那么作为销售员一定要会说，爱说。但销售员在赞美客户的时候，一定不要忘记自己的最终目的——销售产品。偏离这一中心的赞美是毫无意义的。

营销小插曲

迈克在一家人寿保险公司担任销售工作，他费尽周折才获得与当地一位著名企业家史密斯先生进行30分钟谈话的机会。

一见到史密斯先生，迈克就非常激动地说："史密斯先生，我从小就听到过您的大名，从心底万分崇拜你。我想，如果我今天能亲耳听到您的那些传奇故事的话，我会非常荣幸的。"

"年轻人，你今天来的目的是什么呢？"

"史密斯先生，也许您并不知道，我简直是做梦都想见您一面呢！"迈克如面对偶像一样激动地说着，他充分地说了自己对史密斯先生的崇拜之情，史密斯先生在他的赞美下，也对自己的创业史侃侃而谈。结果，30分钟的时间就这样被浪费了，迈克完全将自己此行的目的忘得一干二净。

这一案例中，迈克的赞美之言的确起到了打动客户的作用，他和客户可谓聊得很投机，但迈克却忘了自己此行的目的。那么，他的赞美之言说得再动听也是没有意义的。如果他能在客户对其产生好感时，适时地插入销售事宜，是很容易达成销售目的的。可见，赞美客户是件好事情，但并不是一件简单的事。

金口才的秘密

赞美客户，不掌握一定的技巧，不懂得恰逢时机地赞美，反而会使好事变为坏事。那么，在具体的销售过程中该如何利用赞美为销售铺路，并达到最终目的呢？

1. 交谈之初可不谈销售

采取"初次交谈不谈销售而只是赞美客户"的方式，可以打消客户的戒备心理，避免自己的销售行为被终止在摇篮中，而且也能了解更多的客户信息。这是符合心理学中的首因效应的，能为下次的良性互动和推销的顺利进行创造条件。

2. 赞美要有度，不可一发不可收拾

当恭维客户的时候，要有个度，不能恭维起来没完没了。否则，不仅会让客户产生厌恶的情绪，还会让销售工作无法插入。要让自己的恭维和赞美发挥最大的效力，就要珍惜自己的赞美。当然并不是说不要去恭维别人，而是在不该恭维的时候不多说；该恭维的时候，千万不要吝啬。这样，才能为下一步的销售工作做好铺垫。

3. 时机成熟时，插入销售话题

对此，销售员要善于观察。比如，当发现客户因为赞美之言而露出欣喜的表情或者开始出现不断抚摸产品等动作时，就说明赞美起到作用了，此时，就可以插入销售话题，向其推销了。

4. 将赞美运用于销售中

很多时候赞美是需要在销售中临时把握的，再完美的计划也跟不上变化，销售员在赞美客户时，应该见机行事，时机不同，赞美也要跟着改变。比如你的客户准备谈一笔生意，开始时你可以称赞他有魄力，中间你可以赞美他毅力十足，能持之以恒，当他谈成生意后，你应该肯定他的成功，时机不同，赞美也不同，才能做到得体。

总之，销售员需要记住，销售中的赞美是要本着推销产品的目的为前提的，背离这一本质目的，赞美就毫无意义！

用委婉的话语赞美客户

古语云：君子羞于口，而善于行。这种追求含蓄、委婉的审美标准是影响中国人乃至东方人性格的重要因素。在销售中，也经常能遇到这种客户，他们言辞谨慎，不愿意当众表达自己，因为他们信奉“说得越多就错得越多”的逻辑。对于销售员的恭维，他们也比其他客户更有“免疫力”，可能有些销售员会认为对于这类客户，赞美是不起作用的。其实不然，任何客户都有虚荣心，只是每个人所能接受的赞美方式不同，对于此类含蓄的客户，如果赞美能委婉动听些，也会起到好的效果。

营销小插曲

小刘是一名电信公司业务销售员，有一天，他给一位客户打电话，向客户介绍后，客户认为帮助不大，因此拒绝，并且理由很充分。

客户：“我平时基本不在家，就是在家我也经常用万能钥匙蹭网，安个宽带也没用，还是算了吧。”

小刘：“没有关系的，真是很打扰您。对了，陈小姐，您是不是播音员啊？声音听起来特别舒服。”

客户：“你怎么知道的？我真的是在电视台的播音栏目组工作。”

小刘：“真的啊？看样子我的感觉还真是没错，因为我觉得和您通电话感觉很好。陈小姐，您看还有什么其他方面需要我帮助您？”

客户：“我前一段时间看到电信宣传的充话费送流量，你可不可以给我介绍一下？”

小刘：“好的……谢谢！”

这则案例中，销售员小刘之所以赢得销售的转机，与其在电话中巧妙委婉地赞美客户有极大关系。通过赞美，他获得了客户的认可。

的确，有时候那些冷静、含蓄的客户之所以难于应对，并不是他们不吃赞美这一套，而是他们存在这样的心理：如果不采取相应的措施，很可能就要吃亏。但同时，他们又渴望被人认可，不想被人误解。这样造成的现实情况就是他们本身在内心上就很矛盾，是一个矛盾的集合体。销售员就要好好地利用这一点，采取合适的方法对客户进行赞美。

金口才的秘密

那么，该怎样以温婉动听的语言来赞美这类含蓄的客户呢？

1. 以请教客户问题的方式来间接表达赞美之情

与客户交谈，把他放到较高的位置上，并虚心地向其请教问题，以满足其某种程度的虚荣心和好为人师的心理。可见，有时向客户请教也是一种委婉的赞美方式。真诚地去请教客户往往是打开成功之门的一把钥匙。

“陈总，我早就听说过您白手起家的故事，我真的很想请教一下您，当时您是怎么做出创业的决定呢？”

“听说您是通信方面的专家，想请教一下您……”

“专家就是专家，您提的问题都与一般人不一样，都提到点子上了……”

“张先生，您在营销方面这么有研究，有机会一定当面向您请教……”

“李总，您公司目前在物流服务领域做得这么成功，当初您是怎么想起来开展这项业务的呢？”

2. 赞美不一定要通过语言的方式

在与客户沟通的过程中，如果错过了赞美客户的机会，在随后的跟进邮件、短信中可以再次表达，如：“和您通电话真的很开心，希望下次还有机会向您学习……”这样的效果也非常不错。要知道，间接赞美客户有时能够获得比直接赞美更好的效果，因为它能够更好地满足客户的自我心理需求。

3. 用自己的语言表达出来

生活中，我们发现尽管有些销售员经常赞美客户："您的事迹，我早有耳闻，今日一见，果然气宇轩昂！""久仰久仰！"等，但却并没有得到客户的好感。这是因为，这些套用他人的赞美语言显得有些做作、虚假。所以在赞美客户，尤其是赞美这类含蓄的客户时，一定不可照搬他人赞美的语言，而要自己组织语言，以轻松、自然的语气将赞美表达出来。

4. 在恰当的时候真诚地表达出来

赞美要选对时机，才显得自然。同时对于客户的赞美可以适当加入一些"调料"，比如，幽默。这样更加容易调节气氛，让客户在心里感觉非常舒服。

第五章

会说玩笑话：找准幽默点，客户露笑脸

幽默属于一种语言技巧，是一门妙趣横生而且极为实用的口才艺术，更代表着一种为人处世的生活哲学。一个风趣、幽默的人，无论是人际沟通、商业谈判还是职场演说甚至于谈情说爱，都会令人刮目相看；无论在哪种场合，都可以成为人们所关注的焦点。因此，掌握幽默的沟通技巧，对于我们的生活与工作而言，都有相当大的益处。

成交，有时就是在幽默中诞生的

幽默是一种口才，也是一种机智，更是一种胸怀。生活中，每个人都有可能陷入各种各样的人生境况中。而幽默就像缕缕春风，能吹开尘世上的张张笑脸。很多伟人都是借助幽默的力量打开了与他们打交道的每一个人的心灵。作为销售员，也应该注意对幽默的把握，在与客户沟通的时候，要适度展现你的幽默艺术。很多销售业务的成交，有时就是在幽默中诞生的。

营销小插曲

一名房地产经纪人领着一对夫妇向一栋新楼房走去，他想向这对夫妇销售新房。一路上，为了销售这套房子，他一直喋喋不休地夸耀这栋房子和这个居民区："瞧这个地方多好！空气洁净，遍地鲜花绿草，这儿的居民从来不知道什么是疾病与死亡。谁也舍不得离开这里。"碰巧就在这时，他们看见一户人家正在忙碌地搬家。这位经纪人马上说："你们看，这位可怜的人……他是这儿的医生，竟因为很久一段时间无病人光顾，而不得不迁往别处开业谋生了！"

不失时机、意味深长的幽默是一种使人们身心放松的好方法。它能让人感觉舒服，有时候还能缓和紧张气氛，打破沉默和僵局，为你赢得客户的好感。

金口才的秘密

幽默是一种智慧、一种艺术。有幽默感的人会不失时机地抓住事物有趣的一面，分寸得当地以诙谐的语言和动作表达出自己的思想和意愿。大家都有这样的体会：幽默可以使人们的关系变得更亲切、自然、和谐。

有一个男人颇具幽默感，他经常用幽默的语言轻松化解夫妻之间看起来不可避免的冲突。一次他和妻子出游时不小心把单反相机弄丢了，在妻子满脸怒气，正待发作之时，他立刻做出祈祷的姿势大声说："暴风雨，请不要降临到我们这个幸福的家庭！"妻子一听忍不住笑了，他又说："啊！阴霾中露出了一线阳光。"妻子不禁笑出了声，他紧接着说："云开日出，晴空万里。"妻子被他逗得笑个不停，紧张的气氛瞬间就变得温暖而和谐了。

不过，在你打算幽默一番之前，最好先分析一下你的产品和你的客户，一定要确保不会激怒对方，因为有些幽默对一些人来说根本不起作用，说不定还会适得其反。例如，当你和一位银行家打交道的时候，你明知道他一本正经，喜欢直截了当，你却偏要去故作幽默。这会让他认为你对他不尊重，那他又怎么可能尊重你呢？所以，幽默要用得巧妙才可以为你赢得客户的好感，帮助你达成交易。

有空儿，就"幽"他一"默"

幽默是一种艺术，是人生中不可缺少的喜剧元素。正因它的存在，使生活充满了温暖，充满了情趣，充满了欢乐。幽默是一种才华，是一种机智，更是一种力量。幽默作为调节气氛的润滑剂，历来就备受人们喜欢，可以说没人不喜欢和幽默风趣的人打交道。所以，一名幽默的销售员更容易得到大家的认可。

营销小插曲

一位销售员想和一家公司的董事长见面，他请对方的秘书把自己的名片递进去。秘书恭敬地把名片交给董事长，一如预期，董事长不耐烦地把名片丢到了一边："又来了！"秘书很无奈地把名片退给站在门外的销售员。销售员并不以为意，他再次把名片递给了秘书。

"没关系，我下次再来拜访，所以还是请董事长留下名片。"

拗不过销售员的执着，秘书硬着头皮再次走进办公室。董事长生气了，将名片一撕两半，丢回给了秘书。秘书不知所措地愣在那里。董事长更是生气，从口袋里拿出10元钱，说："10元钱买他一张名片，这总够了吧！"

没想到，当秘书向销售员递还名片与钞票时，销售员很开心地高声说："请你跟董事长说，10元钱可以买我两张名片，我还欠他一张。"随即又掏出一张名片交给秘书。

这时，办公室里传来一阵大笑，董事长走了出来，说："这样的销售员，不跟他谈生意，我还找谁谈？"

这是销售员每天都可能会碰到的情况。销售员如果此时能幽默一下，就能轻松化解这种尴尬。

有这样一位销售员，在他找到客户并刚要说明身份时，对方就打断说："别跟我提保险，保险都是骗人的。"

营销员说："对不起，我还不知道您受了保险的骗。"

"我倒没受骗，是别人受了骗。"

他顿了顿又说："保险公司的人真骗到我的头上，我会跟他没完。"

"看来，今天我必须实事求是地跟您讲保险了，否则真怕您跟我没完。"一句话，说得客户也笑了。

幽默是沟通中的润滑剂，可以化解尴尬，缓和气氛。销售员若能恰如其分地运用幽默，就能更容易接近客户，增进彼此的感情。

金口才的秘密

销售人员如何培养自己的幽默感呢？

1. 做个快乐之人，不介意他人看法

销售人员不要对自己有不切实际的要求，也不要过于在意别人对自己的看法，要学会善意地理解别人，正确地认识自我，这样才能让自己保持一种愉悦向上的好心情。

与人交往是人的本能需要，主动扩大交际面，有利于缓解工作压力。在人际交往过程中，销售人员要主动使自己的交际方式大众化，把客户当成朋友，主动帮助客户解决问题，这样才能从与客户的交往中获得真正的乐趣。能够带着笑容思考、把快乐带给别人的人，必然是一个快乐的人。所以，销售人员要学会以快乐的心情拥抱生活，时刻把笑容展现出来，把快乐带给别人，这样自然就能产生幽默感。

2. 扩大知识面，培养洞察力

幽默是一种智慧的体现，它是以丰富的知识为基础的。一个人只有具备广博的知识，才能做到谈资丰富，妙语成趣。因此，销售人员要想培养幽默感，就必须广泛涉猎，不断充实自己，从各种各样的书籍中搜集幽默的浪花，从名人趣事中汲取幽默的精华。

另外，幽默是宽容精神的体现。销售人员要想培养幽默感，就要学会宽容大度，不斤斤计较，这样才能从容面对客户的故意刁难或冷言拒绝，才能让自己的销售生活多一点儿趣味和轻松，多一份乐观和幽默。

幽默需要长期、有意识地锻炼才能把握，不断提高观察事物的能力，培养敏锐的洞察力，是提高幽默感的重要途径。只有能够迅速捕捉事物的本质，才能创造出恰当的比喻、诙谐的语言，从而使人们产生愉快的感觉。此外，销售人员还应该注意，幽默要因人而异、因时而异，把握好时机和分寸，做到不同问题不同对待，处理问题时机动灵活、幽默而不落俗套。

总之，幽默能力并不是一蹴而就的，需要日积月累方能练就。所以，销售人员在日常生活中要注意多收集和储备一些有趣的故事并加以润色，使之内化为自己的幽默素材。此外，还可以多看一些幽默的喜剧表演或喜剧电影，这样可以在无形之中增强自己的幽默感。

和“推销之神”原一平学幽默

作为一名销售人员，往往需要上门推销自己的产品或服务，也就是说，销售人员必须闯进一个陌生人的领地，而客户自然会把你当成一个陌生人。既然如此，客户必然会对你有一种本能的戒备心理和抵触情绪，对你采取疏远态度或将你拒之门外也在情理之中。下面我们看看“推销之神”的幽默术。

营销小插曲

原一平天生个子矮，他曾一度为自己的身材而苦恼，但后来他认识到，身材的高矮已成定局，很难再改变，最好的办法就是坦然接受，然后设法将这个缺点转化为优点。

一天，原一平的上司对他说：“体形高大、身材伟岸的人，在拜访时比较容易获得客户的好感；而身材矮小的人，在这方面往往不占优势，而且有时候还会吃大亏。你和我都属于身材矮小的人，我认为必须以表情取胜。”听完上司的话，原一平深受启发。从那时起，他开始苦练各种幽默表情和幽默语言，并获得了很大成功。在他向客户介绍情况时，经常把客户逗得哈哈大笑，从而给客户留下了可爱可亲的印象。在原一平的推销生涯中，这样的例子比比皆是。

一次，他去一位陌生的客户家里推销人寿保险。他是这样说的：“您好！我是明治保险公司的原一平。”

“啊！又是明治保险公司，你们公司的销售员昨天才来过，我一向最讨厌保险了，所以昨天我拒绝了他！”

“是吗？不过。我比昨天那位同事英俊多了吧！”

“什么？昨天那位仁兄长得又高大又英俊，可比你好看多了。”

“矮个子没坏人，再说辣椒是越小越辣！俗话不也说‘人越矮，俏姑娘越爱’吗？这句话可不是我发明的啊！”

“哈哈！你这个人可真有意思！”

就这样，经过原一平的一番幽默解释之后，客户的抵触心理很快就消失了。一来二去，生意很快做成了。原一平的幽默推销术在日本保险业是有口皆碑的，正因为如此，他被尊称为日本的“推销之神”。

金口才的秘密

在销售中，适当地幽默，能减轻客户对你的敌意，促使销售成功，这就是幽默的魅力。但是，销售人员切记：幽默千万不要过度，否则很容易给客户留下轻浮、不可靠的坏印象。销售人员如果能学会幽默，必然会给客户留下和蔼可亲、谈吐风趣的好印象，这对销售的达成大有裨益。简而言之，幽默是建立信任、巩固客户关系的最佳策略，如果你能做到让客户笑，那么你销售成功的概率就有80%。

当然，在拜访初次见面的客户时，立即向对方展示自己的幽默功夫，未免显得有些唐突，但是在沟通不顺畅或出现障碍的情形下，适当地幽默一把便可以缓解尴尬的气氛，从而使交谈顺利地进行。因此，幽默是销售人员必备的沟通武器。

销售人员如何使用幽默来巩固客户关系或实现销售呢？

1. 在讲笑话之前先认真倾听

销售人员在开口之前，一定要先判断一下眼前的客户属于哪种类型或风格。如果客户是一个不苟言笑的人，你最好把你的幽默收起来，因为你所谓的幽默不见得有多大作用；如果客户是个比较敏感的人，你更不要在他面前胡乱幽默，小心你的幽默被对方误解为讽刺或嘲笑。

2. 不要为了幽默而嘲弄其他客户

在与客户沟通的过程中，切忌为了幽默而嘲弄他人。如果客户认识你嘲弄的那个人，或者客户刚好与你嘲弄的那个人有关系，那么你就倒霉了，别说达成销售，恐怕你连下次和客户见面的机会都没有了。

3. 尽量以个人经历作为笑话的素材，避免讲一些道听途说的笑话

销售人员在讲笑话时，最好讲自己亲眼所见的、发生在自己身上的趣事，不要一开门就是“两个人走在街上……”如果客户以前听说过你讲的笑话，那么你的幽默只能起到适得其反的效果。而如果拿自己的亲身经历开玩笑，不但可以保证客户没有听说过，还可以让客户觉得你是个大度、乐观、值得信赖的人。

恰当修辞为幽默添加“养料”

恰当的修辞是为幽默添加养料并吸引客户听下去的有效方法。即使仅仅是陈述句，销售员也有相应的办法将之变成有效的诱惑。对于客户来说，只要他能够从你的陈述中捕捉到有益于自身利益的信息，那么，他一定会更加耐心地听下去，并领会其中丰富的信息。所以，对于销售中的陈述句，销售员不应该单纯地认为只是起到简单过渡、普通介绍的作用，而是要精心设计、善加修饰，并最终通过陈述展现出产品诱人的一面，真正打动客户的内心。

营销小插曲

朱雨骁负责的专柜位于商厦的进门右侧，所以，经常有购物之后的客户在专柜前逛一逛，或者提出些问题，朱雨骁总是能耐心地解答。

某天，一对恋人来到专柜前驻足，他们看了看柜台中的产品。女生说道：“这些手表的表带看起来好亮啊，是灯光的原因吗？”男生说：“大概是吧。”朱雨骁微笑说：“您好，不是这个原因，因为我们品牌的产品是国外原装进口，在国外就采用了高级金属涂层制作工艺，所以很难被氧化，看起来才挺亮的。”听了这话，女生流露出“原来如此”的神情。但男生看了看四位数的价格说：“可是这么贵的手表，有人买吗？”朱雨骁接着说：“手表并不仅仅是计时器，如果计时，看手机就好了啊。我们品牌的手表更象征纯洁的友谊，代表甜蜜的爱情，同时也能体现每个人的社会地位和生活品位，其实四位数的价格也不贵，只是一个月工资而已，要知道手表保养好了是可以戴一辈子的。您看，我自己都买了一款呢！”说着朱雨骁晃晃手腕，的确佩戴着自己的产品。

这下，女生不愿意走了……

经过挑选和试戴，最终，女生挑选了一款手表，看见自己的女朋友心花怒放，男生也能接受这样的价格了。两人付款之后，高兴地相拥而去。

朱雨骁从头到尾并没有使用什么独特的宣传技法，也没有一味强调产品的功能。她只是用娓娓道来的语气，陈述关于产品的一切事实，但却取得了良好的效果。

客户在不了解产品的实际价值和功能时，往往难以将自身的需求同消费连接起来，于是表现为怀疑和拒绝。实际上，这是因为销售员没有用恰当的修辞手法对产品做描述，大量平淡枯燥的陈述句，听起来像是一次技术报告，让人昏昏欲睡，不能对客户产生足够的吸引力。

金口才的秘密

要知道，客户并不是为了了解产品而愿意听你介绍，他需要知道的是自己能够获得什么样的感受，如果这种感受被你仅仅用数字、指标来进行描述，那么即使是最美好的使用感觉，也会失去诱惑力。

相反，如果你能够充满热情，同时站到客户的角度去描述产品，强调产品带给客户的主观感受，那么，你原本平淡的陈述也很有可能变成一种对客户的诱惑，并最终得到他们的肯定。

1. 对于产品的介绍，销售员的陈述应该抓住重点

销售员介绍产品时，既不要背诵产品说明书，也不要一味强调大众关心的优势。要知道，产品是没有完全一样的，客户也没有完全一样的，在介绍中，既应当抓住产品功能的优点，也应当抓住客户的特点，从不同角度进行陈述，以突出购买的意义。

2. 对客户关注的重点进行陈述和回答

当对方有所疑问时，无论是不是直接询问销售员，你都应该暂时收起幽默，用恰当的修辞对客户关注的重点进行陈述和回答。在解答过程中，销售员应该重点分析对方疑问的背景、了解对方疑问的原因以及解决对方疑问的难点，从而通过陈述驱散对方内心存在的购买障碍。

3. 客观的修辞利于销售

销售员应当注意自己使用的语气，主观的语气再幽默也不利于销售，比如“我觉得”“我看”等，会让客户产生听命于你的感觉，而用“其他人”“市场”“国际”等词语，听起来更像是一种单纯事实的描述，显得客观、公正，同时不失其指导意义。

陈述，看起来是很简单的业务技能，其实背后所蕴藏的关于引导人心的内容大有讲究的必要，销售员不妨在今后的工作中多加锻炼，争取一击中的。

幽默化解客户的负面情绪

具有幽默感的销售人员，通常都会有比较好的人缘，并且可以在短期内缩短人际交往的距离，赢得客户的好感和信赖。而缺乏幽默感的销售人员，必然会在人际交往中遭遇一些困难和波折，也会使他在客户心目中的形象大打折扣。

在销售沟通中，销售人员的幽默感不但能给客户以轻松和愉悦，还可以化解客户的情绪危机，消除客户的不满。当客户出现抱怨、不满等负面情绪时，销售人员不妨运用幽默的力量扭转不利的局面，以幽默的方式安抚他们的不良情绪。

营销小插曲

一天，一名快餐店销售人员去一位客户家送餐，这位客户看起来心情不好，就在销售人员正要离开时，客户突然把他叫住了。

客户说："等一下，你过来看一下，这是怎么回事？"

销售人员不解地问："哦，什么事啊，先生？"

客户生气地说："你看看你们的菜，里面怎么还有小虫子，你们是怎么做菜的？"

销售人员打趣地说："哦，它可真是太聪明了，竟然知道什么是最好吃的东西！"

客户转而微笑地说："嗯！呵呵，好吧，既然这道菜这么好吃，我明天还要这道菜吧。但是，我可不希望没有我的允许又有虫子进来游泳。"

在与客户沟通时，随时随地都可能发生类似上面的情况，一些销售人员在面对客户的情绪危机时，要么手忙脚乱、束手无策，要么急着找借口推卸责任，这样一来，往往使销售气氛变得更加紧张。没有好的销售气氛，自然不会有好的销售结果。这时候，销售人员适时、适当地幽默一把，往往能化解客户的负面情绪，从而为销售工作带来转机。

金口才的秘密

在具体的销售过程中，销售人员应该如何运用幽默来化解客户的负面情绪呢？

1. 用幽默巧妙化解销售危机

由于种种主客观因素的影响，销售人员难免会遭遇各种销售危机，比如客户投诉、要求退货等。幽默就是化解销售危机的最好方式。销售人员使用适当的幽默化解销售危机，能在很大程度上缓解与客户之间的矛盾，避免冲突的发生。

2. 用幽默语言平复客户的心情

当客户在使用产品或享受服务时遇到麻烦，通常都会产生不满、抱怨等负面情绪，在这种情况下，销售人员不要急着向客户提问，也不要平铺直叙地回应客户，而应该适当地运用幽默，缓解客户紧张的情绪，然后再进一步采取有效的解决措施。

3. 用自嘲的方式表达幽默更容易被客户接受

自嘲是善于幽默的人经常使用的一种说话方式，更是一种人生智慧的体现。在销售工作中，销售人员如果能适当地自嘲，不仅可以赢得客户的好感，而且可以拉近与客户的距离。

当然，幽默感并不是与生俱来的，所以，销售人员要在工作和生活中多加体会和联想，通过后天的积累和训练来增加自己的幽默细胞，提高自己的幽默水平。

利用幽默语言消除客户尴尬

当一个人处境困难或陷于尴尬境地时，有时可使用幽默来打破僵局，或者通过幽默间接表达意图，在无伤大雅的情形中，处理好问题。销售过程中，经常有一些场面会让客人尴尬，如何消除客人的尴尬是一种艺术，使用幽默语言往往能起到事半功倍的作用。

营销小插曲

情景1：

一位女士牵着好似她父亲一样年纪的新婚丈夫去一家西装店购买西装。当时，一位店员拿着一套西装对那位女士说："小姐，我觉得这套西装穿在你父亲的身上一定很合适。"当时，这位女士显得很尴尬，脸色通红地瞪着那位店员。另一位女店员看到这一场景后，心里明白自己的同事说错话了，只好赶紧拉开自己的同事，连忙说道："小姐，我相信这位先生穿上这套西装，不仅显得很有精神，而且看起来很有品位，和你身上的服装也很搭配，你们看上去就如同总统与总统夫人一样呢！"这位女士听完这番话后，才高兴起来，并且跟那位女店员说道："你真会说话，看来，这套西装我还非买不可了。"

情景2：

在一个名牌女鞋店里，一位穿着打扮朴素的女士正在一款价值3000多元的女鞋面前反复比划。这时候，一个店员走过来说道："小姐，这是今年最新款的名牌女鞋，价格稍贵，需要3999元。"这位女士一听这话，就觉得这是对方看不起自己的表现，满脸怒气地将鞋子放下就准备走人。这时候，店长发现情形不对，赶紧走过来解围："实际上，我认为价格不重要，关键是穿着合不合适，就好比大家都认为谢霆锋长得帅，可是，他做我的老公也不适合呀，你认为呢？我感觉这款鞋挺适合你的，配你这身打扮就如同白雪公主一般！”这位女士听完这一席话，才说了一句：“还是你会说话！”之后很痛快地买单走人。

金口才的秘密

有幽默感的人通常思维敏捷、反应迅速，无论在任何复杂的环境中，他们都能够从容不迫、妙语连珠，而且总是能凭借幽默的力量打破僵局。

当一件不顺心的事发生时，如果我们悲观地对自己说：“完了！一切都完了！”那么，最后我们必然会愁眉苦脸好一阵子。但是，如果我们幽默地对自己说：“没关系！下次一定不会比这次更糟糕了！”那么，便没有什么事情可以令我们心烦了。

用幽默的力量来化解自己的尴尬，使自己的心灵远离尘世间的种种烦恼；用幽默来帮他人摆脱困境，使生活多一点儿自由和愉悦。面对窘境时，你是否已经准备好了用幽默来应对？

客户开心，自嘲一下又何妨

在销售中，谈吐幽默的人往往容易取胜，没有幽默感的人往往会失败。幽默的语言极易迅速打开销售局面。善于谈话的人，有时候常拿自己开玩笑。

一个掌握“自嘲”方法的人，就等于掌握了制造愉快和摆脱困境的能力。因此，在日常销售中，不妨试试使用“自嘲”这个方法，也许会收到意想不到的效果。

营销小插曲

情景 1：

美国著名律师迪特就是一位善于拿自己开玩笑的人。有一次，哥伦比亚大学校长在他登台演说时，先将迪特介绍给听众："他算得上是我国第一位公民！"迪特似乎可以立刻抓住这个难得的机会，大模大样地开着玩笑说："诸位静听，第一位公民要开始演讲了。"但是他如果真那样做，便是一个没有人瞧得起的傻瓜。

那他究竟是如何说的呢？他不仅利用这个介绍词幽默了一下，并且还因此获得了听众的好感。他说："刚才校长先生说的一个名词，我起初有些听不太懂。第一位公民——是指什么呢？现在我才想到，大概他是指莎士比亚戏剧中常常提到的公民。校长先生一定是研究莎氏戏剧极有心得的人，他替我介绍时，一定又在想他的莎氏戏剧了。诸位听众一定知道莎士比亚是常常把许多公民穿插在他的戏剧中，这些配角每人所说的话大都只有一两句，而且多半是毫无口才，没有高明见识的人。但他们差不多都是好人，即使是第一第二的地位交换一下，也根本不会显示有何不同之处。"话未说完，台下便响起潮水般的掌声。

情景 2：

著名女主持人杨澜，还在担任"正大综艺"节目主持人时，曾被邀请为某市的一次大型文艺晚会担任主持人。出人意料的是，在晚会演出到中途时，杨澜不小心在下台阶时摔了下来。在这种大型场合出现如此情况，确实令人尴尬，但杨澜非常沉着地爬了起来，凭着她主持人特有的口才，对台下的观众说："真是马有失蹄，人有失足呀。我刚才的狮子滚绣球的节目滚得还不熟练吧？看来这次演出的台阶不是那么好下哩！但台上的节目会很精彩的，不信，你们瞧他们。"杨澜这段自我解嘲式的即兴话语非常成功，不但使自己摆脱了难堪，更显示出了她非凡的口才，以至她话音刚落，会场就立刻爆发出热烈的掌声。

自嘲，是幽默的最高层次，口才好的人取笑自己，可以消释误会，抹去苦恼，感动别人，并获得尊重。

金口才的秘密

在销售中运用“自嘲”需注意以下原则：

1. 审时度势，相机而用

自嘲虽具有一定的表达功能，但也有明显的局限性，充其量它不过是一种辅助性的表达手段，不宜滥用。如果不看人，随意使用自嘲，就会弄巧成拙。

2. 避免采取玩世不恭的态度

具有积极意义的“自嘲”，包含着自嘲者强烈的自尊、自爱和责任感。自嘲者不过是采取了一种貌似消极，实为积极的促使交际向好的方向转化的手段。而玩世不恭，则是人们对世事表现出的冷漠、讥讽和不负责任的态度。如果自嘲出于这种态度的话，就会失去积极的意义，不利于销售。

3. 运用自嘲当适可而止

自嘲有时具有“嘲人”的刺激作用，运用它应格外慎重。通常情况下，应是“点到为止”，让人意会即可，不能一味放纵，喋喋不休，如同用过量的卤水点豆腐会使豆腐变得苦涩一样。进而言之，如果恣意运用自嘲来指桑骂槐、含沙射影、泄私愤、图报复，那后果就会很糟糕。

第六章

会说精明话：电话打出去，订单飞过来

信息时代，电话已经成为最快捷的销售工具之一。通过电话销售产品已经被越来越多的企业所关注，而销售员也通过亲身经历深刻地体会到了电话销售的重要性。由于城市规模扩大、交通阻塞等原因，登门拜访式的销售效率越来越低，成本也不断上升，而利用电话销售产品，就成了快捷、节省的销售方式之一。可是如何才能通过电话与客户展开良好的沟通呢？我们有必要掌握电话沟通的方式及技巧。

绕开“接线人”，只需这六句话

销售员在正式与客户签定合同之前，出于生意上的往来，很多时候需要和客户通过电话联系，但挡在销售员和客户之间的还有接线员、秘书的询问和盘查，要想直接和客户通话并非易事，销售员要想把电话打进决策层，和客户顺利沟通，就必须绕过这些障碍。

营销小插曲

贺明是某公司的销售人员，常常出去进行一些陌生拜访。这天，他打了一家公司的客服电话。前台小姐接过电话，礼貌地说：“您好，您有什么需要帮助的吗？”

贺明：“您好。我找采购部经理。”

“是何经理吗？”前台顿了一下问道。

贺明赶紧回答：“对，就是何经理。”

“对不起，与何经理见面要事先预约。请问，您有预约吗？”

贺明：“这个我知道，我们昨天预约过了。何经理很忙，不事先预约怎么能冒昧打扰啊？”

“好吧！我给你转一下！”

金口才的秘密

电话沟通中，为什么要绕过电话沟通的障碍呢？因为真正能决定是否购买、能承担购买责任的是对方的负责人，只有找到负责人，才算是沟通的开始。在电话沟通中，尤其是初次沟通，找到你“真正的客户”才是关键。但很多时候，在找到他们之前，接通电话的往往是秘书或者接线员，当我们一提到“销售”，接线员就会习惯性地挂断电话，给我们的销售工作带来麻烦，但是，如果我们略施小计的话，就可能顺利跨过障碍。

那么，销售人员究竟该如何顺利突破这些障碍呢？其实，只需下面这六句话：

1. 自报家门的话

销售员在自报家门的时候，不妨引用一些名人名句作为开头语，如此一来，还能彰显出自己的专业水准与学问修养。然后，再用充满自信的语气为公司产品做好宣传工作，这样就会让人对其产生信任之感。例如，销售员可以这么说：“您好！我是甲公司销售部经理，关于我们两家公司合作的有关事情，我希望能与你们公司的王总直接对话，请您转接一下，好吗？”

2. 对“参谋”说好话

这里所谓的“参谋”，就是指秘书。时至今日，几乎所有企业的秘书都能起到很重要的作用，他们是决策层与外界沟通的纽带，并且，有些时候他们还充当决策者“参谋”的身份。所以，销售员有必要学会与“参谋”进行沟通。当电话接通时，销售员最好学会对秘书说好话，说话有礼，语气不紧不慢，尽量跟他们打好关系，这也方便你与决策者更好地沟通。

3. 巧妙地回电话

“刚才你们李总好像给我打了一个电话，可是因为我当时有事忘了接听，你能帮我转接一下吗？”不管你的手机是否被李总打过，接线员都会慎重对待，并帮你连线李总。这种不知虚假的打电话方式就比较取巧，也很容易直接与对方公司的领导层进行沟通。当然，这种方式也并非百分百灵验，因为有些谨慎的秘书可能直接向领导者询问一番电话的来源，才会决定是否打过去。

4. “私事”

当销售员以私事或领导者朋友的身份打给接线员，再明确地指出领导者的姓名，例如，“我找王先生……”这就让接线员潜意识地认为你很可能就是领导者的好朋友、老关系等，进而达成与领导者直接连线的目的。

5.“死缠烂打”

目前，绝大多数企业聘用的秘书都是由女士担任，而女士一般都有感情用事与容易心软的特点。如果销售员在跟女秘书打电话的时候反复交流，不断地打电话，自然就会与女秘书建立一种“熟人”的关系，当她被你打动后，自然会愿意为你联系领导者。

6. 灵活赞美

在这个社会上，几乎所有人都喜欢被人赞美，销售员就可以通过合理地赞美他人，从而敲开对方的心门，最终完成销售工作。所以，大多数时候，销售员最好多夸赞一番接线员，例如，“你的声音真动听，好像某电影明星的声音呢！”

目前，因为各行各业都有销售员，随着互联网的普及，越来越多的公司领导人被销售员的电话所困扰，甚至产生厌烦心理。所以，对于电话销售员来说，要想直接与真正的领导者电话联系并不是一件容易的事情。可是，只要肯用心，成功的大门就会为你打开。

接通电话后的10秒该如何说

开场白是你与客户通上话之后10秒钟内所讲的话，或者说，是你讲的第一句话。这留下的是客户对你的第一印象，要记住，虽说我们经常讲不要以第一印象来评判一个人，但我们的客户却经常用第一印象来对电话销售人员进行评价！对于大型的销售项目，第一印象相对来讲可能不太重要，而在电话销售中，第一印象将是决定你的销售能否进行下去的一个关键因素。

营销小插曲

有一次，电话销售人员陈洋打电话给宏宇印刷厂的陈经理。

陈洋："您好，陈经理吗？"（礼貌问候）

陈经理："是我，你是谁？"

陈洋："我是高雄大亚电脑公司的陈洋，我们公司提供印刷业专用的电脑设备。我们的电脑设备已经替许多印刷厂商省下许多印刷时间及成本，为了能进一步了解我们是否能替贵公司节省印刷时间及成本，我想询问一下贵公司目前使用的是哪一种品牌的印刷设备？"（简单说明自己的目的）

陈经理："是吗？……嗯，我们使用的是……"

就这样，陈洋在十几秒钟的开场白中就引起了准客户对产品的兴趣，同时也使通话得以继续，为成功推销打下良好的基础。

金口才的秘密

前10秒的开场白非常重要，以下是可以借鉴的开场白方法，可以供销售人员参考：

1. 请求帮忙法

请求帮忙法在电话开场白中是比较常用的。

电话销售人员："您好，李经理，我是××，××公司的，有件事情想麻烦一下您！"

客户："请说！"

一般情况下，在刚开始就请求对方帮忙时，对方是不好意思断然拒绝的。电话销售人员会有100%的机会与接线人继续交谈。

2. 影响力法

人们的购买行为常常容易受到他人的影响，电话销售人员若能把握客户的这层心理，通过借用“第三者”的影响力作为开场过渡，更容易与客户建立信任关系。

电话销售人员：“您好，是李经理吗？”

客户：“是的。你是哪位？”

电话销售人员：“我是正大证券的周小明，打电话给您是想告诉您一个消息，有许多像您这样的成功人士加入了黄金客户俱乐部……”

客户：“哦？”

电话销售人员：“是这样的。正大证券曾经为许多成功人士提供服务，为他们节省了不少手续费和宝贵的时间，并帮助他们达成了长期理财目标。”

3. 利益陈述法

开场时的利益陈述非常重要。所谓利益，就是产品能够给客户带来的实际好处。研究发现，再没有比利益更能吸引客户注意的了。例如：

“张总，现在，有许多服装企业无法保证每日生产目标，面临合同无法及时完成的问题，我也听说您公司所在的服装产区正面临严重的‘用工荒’问题，您是否想了解这方面的解决方案呢？”

“王经理，和您公司一同成长的××公司已安装一套无油生产线，采用这套生产线生产出来的服装，使得因油污污染产生的报废率下降了90个百分点。您是否也同样关注这样的生产设备呢？”

采用这一方法，关键要让客户认识到这能给他带来机会和财富，这就需要电话销售人员对所销售的产品有所研究，特别是对客户关注的产品好处有所了解。

4. 投其所好法

俗话说“酒逢知己千杯少，话不投机半句多”，要想打动人心就要谈客户喜好的话题，投其所好。这种方法在开场白中运用得最普遍，使用起来也比较方便、自然。

投其所好的前提是了解客户的喜好，为此，就要事先收集客户的一些重要信息，了解和分析客户的兴趣点，找到对方感兴趣的话题。这样，电话销售人员在开场白中才能投其所好，激发客户兴趣，使电话交谈顺畅地进行下去。

同时，电话销售人员还要成为工作上的专家、爱好上的杂家，这样才能成功地迎合客户的喜好，抓住客户的内心。比如，客户喜好钓鱼，电话销售人员就要学一些钓鱼的基本知识，然后在电话中以请教的姿态，提及客户的爱好，使其油然而生一种亲切感，愿意与自己继续交流。

5. 巧借“东风”法

在古代著名的战役“赤壁之战”中，诸葛亮和周瑜仅用 8 万人马，大败曹操的 80 万大军，借的就是“东风”。如果电话销售人员能够找到这股“东风”并加以巧妙运用，往往会收到事半功倍的效果。

在运用巧借“东风”法时，要注意以下几点：

（1）借力对象必须是与本企业合作过的、在业界知名的企业，并且能够使客户产生信赖感；

（2）借力对象必须与自己公司销售的产品或者服务有密切关系；

（3）巧借“东风”法通常在客户服务回访时比较有效。

6. 提出问题

对于电话销售人员来说，如果你能在电话开场白中提出一个让客户感到惊讶、好奇的事情，客户就会忍不住想要听下去。

××服装公司的电话销售人员向××模特经纪公司负责人推销本公司的服务。

电话销售人员：“早上好。请问马总在吗？”

客户：“在。你是谁？有什么事情？”

电话销售人员：“我是××服装公司的小黄，今天打电话给您，就是想向您汇报一个问题！”

客户：“什么问题？”（电话销售人员说是汇报问题，但他并没有指出哪个问题，这就让客户平添了几分紧张）

电话销售人员：“马总，我们公司服装设计师在给××公司的模特定做服装时，发现有一点儿不对劲（突然沉默不说话，让客户心中更加疑惑，更想知道发生了什么事)。××公司和贵公司一样，是要参加本届模特比赛的。在给××公司的模特定做服装时，我们的设计师发现，多家大型模特经纪公司已经向我们提交了定制服装的信息，唯独缺少了你们这一家。难道贵公司想要放弃这次比赛吗？如果不是，那么我们为什么迟迟没有收到您要定制衣服的信息呢？”

只说5秒，就能轻松搞定预约

我们已经知道，电话销售就是销售人员与客户之间的心理博弈，电话邀约无疑是其中较为典型的一种。要想在这场博弈中获胜，保持一种良好的心态是必不可少的。而获得良好心态的前提就在于身份的定位，即把自己的地位放到与客户平等的位置上。

营销小插曲

电销人员：“您好，斯维医生。我是纽约人寿保险公司的职员戴维·考珀，我们现在正在进行一项针对产科医生的计划。您今晚值班，是吗？”

客户：“是的。”

电销人员：“医生是一项崇高的职业，我非常敬佩和尊重你们。不知今天晚上我可否去拜访您，讨论一下我们将要给您提供的产品。”

客户：“不用了，你的意思我理解。我一想到我生前投资的钱死后才能拿到，心里就有点难受。而且这么晚了，我又在值班。”

电销人员：“没关系，多晚都没关系，我可以陪您值班。况且我们只是见面而已。买不买保险那是另外的事。刚才您说生前投保死后享用，假如您这样理解，那当然心里不好受了。事实上，保险并不只在人死之后提供补偿，它还可以在您退休之后为您提供生活保障，而且，您从保险中获得的回报要远高于您的付出。有一天，您退休了，病人们有义务为您提供退休金吗？没有吧？怎么办呢？最好的方式就是将现在收入的一部分用来确保将来的生活。打个不恰当的比方，如果您没存到足够的钱就不幸去世了，您的家人怎么办呢？如果您投了保，保险公司就会为您照顾您的家人。保险是一个独特的财务工具，您健康长寿，它可以提供养老金；您不幸去世，它可以为您的家人提供生活保障。我10点赶到医院可以吗？”

客户：“那好吧，我在医院等你。”

适当的时候，我们可以提一个问题，制造新的“台阶”，重新取得对这次通话的控制权。

金口才的秘密

很多电话销售员，尤其是新入行的销售人员，常常在给客户打电话时抱着一种“有求于人”的心态，这是一种非常错误的心态。事实上，在约见客户时，太过客气甚至于卑躬屈膝的态度反而更容易被对方拒绝。因为这样的态度会让客户在无形中降低其对电话销售人员的信任，甚至会怀疑电话销售人员是否另有所图，或者直接怀疑到产品本身的质量。

所以，要想在电话里成功预约客户，就要在与客户的沟通中保持一种不卑不亢的态度，用真诚的言辞向客户发出邀约。

“低人一等”的不良心态对于电话邀约的害处显而易见。有鉴于此，我们应当极力摒弃自己的不良心态。这样才能成功实现电话邀约。我们可以试着从以下几方面着手。

1. 约见客户时要自信

很多时候，客户往往会认为，一个电话销售人员之所以没有自信，或许是因为他根本不信任自己的产品。因此，当电话销售人员在电话这端放低姿态、卑躬屈膝地请求客户的约见时，客户总是会一口拒绝他。所以，电话销售人员在约见客户时首先要有一个自信的态度，对自己的产品要充满信心。比如，下面的话就能充分显示出一名电话销售人员的自信：

“近10年来，我们的咨询服务已经帮助近百家企业实现了利润翻番。我们认为，您的公司也能够在我们的帮助下创造同样的奇迹，就看您有没有这样的兴趣。您愿意抽出一点儿时间和我面谈一下吗？”

2. 保持热情

我们曾不止一次强调热情对于电话销售人员的重要性，在电话邀约时仍然要强调这一问题。充满热情的声音，是让电话另一端的客户感受到你真诚的重要方式。如果你在电话邀约过程中能始终保持热情的态度，就能感染对方，最终引导其做出购买的决定。

3. 不妨欲擒故纵

对客户过分客气，只会增长对方的心理优势，让他以居高临下的姿态审视你。要想成功在电话里约见客户，一定不能过分客气。有时候，适时地使用一种心理战术反而能够达到良好的效果，比如销售精英们最常用的欲擒故纵之法。

让我们通过下面的电话脚本来体会欲擒故纵的妙处：

“如果您不愿意花上几分钟的时间见见我，让我为您演示我们的产品，您可能就会失去一个能够让贵公司的利润在短期内提升15%的机会，真是太可惜了。既然这样，我就不打扰了，希望以后有机会与您合作。”

值得一提的是，在使用欲擒故纵这一技巧时，电话销售人员需要格外注意自己的表述方式，即语气和语调的配合。这一点至关重要。要知道，凡事过犹不及，如果说得不得当，很可能会激怒客户，导致彻底失去与其合作的机会。

4. 从客户的角度出发

作为销售业从业者，应当在任何时候都把客户摆在第一位，即任何考虑都应首先站在客户的角度。在与客户约定会面时间时，电话销售人员也要从客户的角度出发，你所划出的时间范围一定要是对方最可能接受的，千万不要以自己的角度为准。这样一来，客户才会觉得自己掌握着主动权，觉得这是他自己做出的选择，而不是你强加给他们的。如下面例子就有强迫客户的意味：

“我是明天去拜访您呢，还是后天去拜访您呢？”

而采用下面的话术则会好得多：

“我去拜访您一下吧，您看您是明天上午方便呢，还是下午方便呢？”

“陈女士，您是今天有时间还是明天有时间？我们好派人到您家检查一下门窗安全问题。”

预约时，有些话别轻易说出口

销售行业就是靠嘴吃饭，有些销售员业绩平平，不是因为不努力，而是因为不会说话；相反，有些销售员能轻而易举地完成销售工作，是因为会说话。同样，在电话预约客户的过程中也是如此，连接客户与销售员的只是一根电话线，如何让客户喜笑颜开，更考验销售员的口才。但销售员在表现自己的口才时，千万要记住，不能口无遮拦，不该说的别说，因为一旦触及客户的禁区，就意味着你的预约乃至整个销售任务的失败。

营销小插曲

王宏是一名刚毕业的大学生，因为公司正缺人手，于是赶鸭子上架，他被公司安排到汽车销售的一线，成为一名汽车销售员。有一次，前辈介绍给他一个潜在客户，让他打电话预约一下，公司正有一批库存的车急需处理。

当他还没开口问客户要不要买车，客户倒先给他出了一个难题：“我这手上还有一辆旧车呢，真不知道怎么处理，要不，你帮我卖了吧。”

王宏一下子不知道怎么接下面的话了。他想：“一辆破车还能值几个钱？搞不好那辆车轮胎已经磨损得不像样了，发动机工作时的杂音也很大，车里的气味也许很难闻。哪儿能卖得出去啊？要不问一下这车是什么时候买的，多少年了吧。”王宏是这么想的。可是他又一想，因为这是客户的车，客户可能很喜爱这辆汽车，毕竟开了这么多年，多少会有点感情。即便不喜欢这辆车，但也只有客户自己有资格来批评这辆车。如果自己先开口说这辆汽车如何如何糟糕，这无疑是在侮辱汽车的主人，不知不觉中已经伤害了客户的自尊心。这样一来，还能向客户销售吗？

想想这些，王宏对那位客户说："不管怎么样，这车都陪您那么多年了，您何必把自己的一个'老朋友'卖了呢，如果它的性能已经有些问题了，你可以再买一辆车，权当是它的接班人吧。"

客户一听，这小伙子说话太中听了，是个会从别人角度想问题的人，就主动要了王宏的手机号。

很多时候，电话预约是销售活动的前期工作，在这个时期，只有与客户相处愉快，成功约到客户，才有可能完成销售任务，销售员王宏的聪明之处，就是从客户的角度去想问题，然后把不该说的话咽了回去。实话不实说并不是要销售人员不讲实话，并不是要销售人员以次充好去欺骗客户，它只限于销售商品以外的东西，对于产品的优缺点销售人员必须实话实说。

金口才的秘密

销售员要记住，预约客户的时候，以下几种话是不能说的：

1. 有攻击意味的激烈言辞

电话预约客户，全看销售员在电话中与客户沟通的效果。有些销售员因为工作、生活中的一些问题，在拨通电话的时候，带有情绪，或者生活中本身就语言犀利，于是，客户就被销售员当成了语言攻击的对象，当销售员一旦说出此类语言时，整个预约乃至整个销售任务就宣告失败，因为客户是上帝，无论何时客户总是对的，尊重客户更是销售工作的前提。

2. 个人隐私问题

某些销售员认为，要想和客户搞好关系，不妨深入客户的生活中，于是，开口就大谈一些隐私问题。其实，每个人都有自己不愿被揭露和触及的地方，当销售员追着客户一些私密问题不放的时候，自然会引起客户的反感。而且，电话预约客户，销售员要做的更多是把握客户的一些需求，这才是销售员的本职工作。

3. 粗鄙的语言

精练、专业是每个销售员最基本的语言要求，同时，还要求销售员说话时要注意场合，生活中，可以随意一些，但在与客户沟通尤其是电话预约客户的时候，一定要表现自己的良好素质，切不可出口成“脏”、污言秽语，毕竟，语言代表的是一个人的素养和形象问题，尤其是销售员，你的形象是和产品挂钩的。

在电话预约客户中有很多禁忌问题，一旦触犯这些禁忌，你失败的可能性将大大增加。而这正是许多销售人员的通病，尤其是刚从事销售这一行的人员，有时讲话不经过大脑脱口而出，伤了客户，自己还不觉得。虽然销售人员只是无心地问了一些问题，但客户听起来，感觉就不太舒服了。人人都喜欢听好话，人人都希望得到别人的肯定，有一句话是这样说的：“赞美与鼓励让白痴变天才，批评与抱怨让天才变白痴。”销售人员每天都要与人打交道，更应注意这方面的问题。

电话沟通中的战略细节

沟通是我们学习成长的重要渠道之一，一个会沟通的人，能够游刃有余地应对很多复杂的局面。有的销售人员自认为能说会道，觉得和客户沟通不存在困难。可是，每当和客户电话沟通的时候，总是没说几句便被客户挂断了电话。最终，自己弄不明白原因，还自以为是地认为客户没有需求。

营销小插曲

一天，在某网络推广公司做销售的韩峰正在整理上次参加展会时收集到的名片，从中他发现了一个潜在的目标客户，便拿起电话给对方打了过去。(专业展会上收集的名片，往往是最合适的潜在客户)

客户："喂，哪位？"

韩峰："胡总您好！好久没有联系您，真不好意思。"(与客户仅仅一面之缘，却表现出和对方很熟络的样子，让对方一头雾水，甚至产生反感)

客户："请问你是？"

韩峰："胡总，您可真是贵人多忘事啊，连我的声音都听不出来了，我是小韩！"("贵人多忘事"在现在人际沟通中带有贬义)

客户："小韩？哪个小韩？"(要报出自己的整个姓名，不能只说姓氏或只说名字，尤其是和不熟悉的客户)

韩峰："××网络信息公司的，上次我们在××信息博览会上见过。"

客户："哦，你有什么事吗？"

韩峰："是这样，我们公司是一家专业的网络推广公司，曾经为××、

××、××× 等国内外著名的公司服务过，并且都收到了良好的效果。贵公司是新能源领域的新兴企业，一定期望获得大众的关注和认可，我们公司可以为您的企业提供一个广阔的宣传平台，能让更多的人了解你们的企业和产品，不知道您对我们的产品是否有兴趣？”

客户："我们目前不需要网络推广，等需要的时候我再联系你吧。"说完便挂了电话。（想通过一次电话沟通就把产品销售出去是不现实的，销售人员最好将详细介绍和促成购买的话放在面谈中进行）

在与客户电话沟通的过程中，很多销售人员会犯下一些低级错误而又不自知自省。比如上面案例中的销售员韩峰，在简短的通话过程中就犯了两大错误。

错误 1：第一次与客户通话，却表现得过于熟络

韩峰第一次打电话给客户，却使用了“好久没有联系您，真不好意思”“连我的声音都听不出来了”等表示和对方非常熟悉的语言，而这些语言对陌生的客户来说会让其感觉到肉麻和假惺惺。此外，韩峰说对方“贵人多忘事”，这句话也会让客户感觉不舒服。

错误 2：想在电话沟通中进行产品说明并促成销售

销售人员寄希望于一通电话就把产品销售出去是不现实的，因为在电话中陈述远不如面谈更有效。韩峰被拒绝就是例证。因此，销售人员一定要明确自己打电话的目的是为了争取与客户面谈的机会，而不是进行电话销售。

金口才的秘密

电话沟通中的一些小细节往往会决定预约的成败。销售人员要想成功约到客户，除了必须避免以上两点错误之外，还要注意以下五个细节：

1. 打电话给客户，必须尊重客户的时间

给客户打电话时要尽量尊重客户的时间，避开电话高峰和客户忙碌的时段。

（1）节假日刚结束，恢复上班的第一天，如星期一、长假后的第一天。由于节假日会堆积很多工作，所以这一天往往有很多事务需要处理，无暇顾及推销电话。

（2）每个工作日上午 10 点之前，这一时段往往是每天工作最忙的时候。

（3）中午吃饭时段，一般为 11：30 ~ 13：30。

2. 千万不要说错客户的姓名和公司名称

说错客户的姓名和公司名称是非常失礼的行为，会给客户留下不认真、不严谨的印象，进而影响销售的进程。所以，打电话之前，销售人员一定要弄清楚客户的姓名和公司名称，最好将它们大声诵记三遍，当然也不能

在打电话时因为紧张而说错。

3. 完整地报出自己的姓名和公司名称

与客户电话沟通，销售人员应该完整地报出自己公司的名称和自己的姓名，必要时也可以加上自己的职务。有的销售人员喜欢说公司的简称，这种做法是错误的。假如你的公司和其他公司的名称有些近似，就可能会让客户误认为是别家公司。另外，即使你和客户已经认识，也不要使用“小张”或“小王”等来称呼自己，以免被客户误认为是他熟悉的其他人。

4. 对客户要自始至终保持应有的尊重

在电话预约客户的整个过程中，销售人员必须对客户保持正确的态度，或坐或站都应端正，不能边抽烟、喝水或嚼口香糖边说话，因为任何不尊重的态度都会在电话交谈中露出痕迹。谈话过程中，应多使用“请”“谢谢”等敬语和谦语；谈话结束后，应该等客户挂了电话后再放下电话。即使没有约访成功，也要保持应有的礼貌，不能表现出丝毫的不满。

5. 把谈话中获得的重要信息记录下来

在给客户打预约电话之前，销售人员应准备好纸笔，边谈话边做记录，将对方的姓名、公司名称、职务、联系方式、兴趣爱好，以及对方提及的其他重要信息一一记录下来。这些资料可以帮助销售人员建立客户档案，制订下一步的拜访和销售计划。

找准兴趣激发点，深入挖掘

销售就是围绕客户的兴趣和需求去选择一种最能够满足客户需求的产品，从而最大限度地满足客户的需求。无论是购买产品，还是享受服务，客户最重视的永远是他们自己，他们希望买到自己需要、喜欢的产品。销售成功的前提就是你要找到他们最敏感的那根弦然后不断地撩拨、刺激，让客户无法自控，直到产生强烈的购买欲望以至做出购买行为。

营销小插曲

电话营销人员："请问贵公司所生产的产品主要是面向国内市场吗？"

客户："是的。"

电话营销人员："请问贵公司是生产自己品牌的产品吗？"

客户："是的。"

电话营销人员："既然做自己品牌，那提升和维护品牌形象是十分重要的，是吧？"

客户："是的。"

电话营销人员："作为生产制造企业，怎样提高产品销量，是您最关心的问题，是吗？"

客户："是的。"

电话营销人员："怎样能及时、准确了解产品的市场销售情况，使商品信息化，这对企业很重要，是吗？"

客户："是的。"

电话营销人员："如果现在有一方法能提升和维护品牌形象，而且可以提升产品销量及传递产品市场信息，您会认真考虑吗？"

客户："是的。"

电话营销人员："我们的产品可以为贵公司解决上述问题，如果您愿意，我愿花费我的时间来协助您解决这个问题……"

金口才的秘密

在谈具体的激发客户兴趣的方法之前，我们先来了解一下客户的心理。客户的心理变化一般分为五个阶段。

从下页的图中我们可以看出，只有引起客户的注意，让客户产生兴趣，销售才能往下进行。否则，销售员就会无功而返。那么，下面我们重点说一下激发客户兴趣的方法。

1. 寻找“我希望……”“我想……”

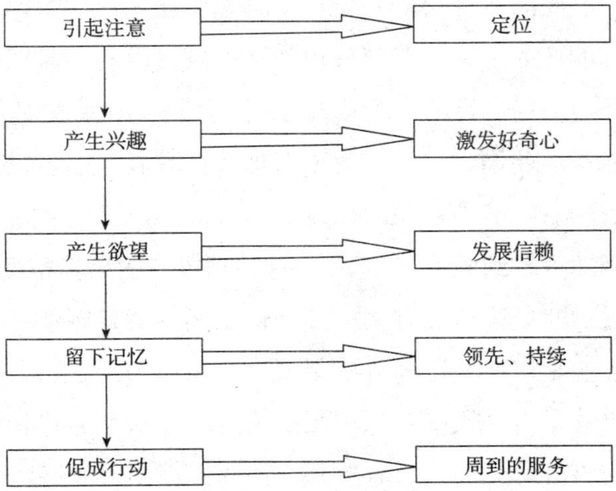

这已经是一种非常明显的兴趣表达，这表明客户希望获得某方面的服务、希望这样那样的满足，常见的用语主要有以下几种：“我想……”“我希望……”“我要……”“我正在找……”“我们对……很感兴趣”“我期望……”你可以留神听客户的每一句话，听到这样的字眼就将之记录下来，然后沿着这个方向深入挖掘。

2. 如果客户没有透露意向，你可以征询客户的意见

很多时候客户是不会主动告诉你他想要什么的，再加上不同客户都会有不同的兴趣，对此，你可以真诚地征询客户的意见，如向客户请教，询问客户对目前使用的产品建议等。这样既可以让客户打开话匣子弄清楚客户的意向，也能够吸引客户的兴趣，使其主动加入销售中来，而不是漠然地游离于销售外围。如果遇到如下情况可以这么说：

客户：“这样啊。”

电话销售员：“先生，以上是对我们公司产品的简单介绍，而且我们公司采取人性化服务，可以为您量身定做，我们会考虑您的具体要求然后对产品进行改进以便让您更满意，请问您对这种产品都有什么建议呢？”

3. 与客户聊天

这是最简单的挖掘客户的需求的方法，出发点多种多样，可以是对方的兴趣爱好、购买动机等。你可以尽可能地扩展谈话范围，有意识地进行启发和引导，直到获得客户的兴趣点为止。当然，最好是从客户身边的事情入手，对客户的境况表示关心，说客户感兴趣的话题。

4. 让客户注意你的产品

要制造客户的兴趣点，就先要让客户注意你的产品，并将话题转移到你的产品上来。普拉公司为了推销自己的一款相机曾经特意在美国迈阿密海边浴场安排了一场救人游戏，让一位妙龄女郎先用优美的泳姿吸引游客，然后假装溺水，一个男子奋勇将其救起。一名摄影师在旁边将这一幕拍下来然后将清晰的照片拿给游客看，并介绍说：“这是一款新型相机，1 分钟后即可拿到照片。”当然，这种销售方法为其相机的热销打开了局面，最火爆的时候连样品都卖掉了。这个案例就是制造兴趣点的典范。不过需要注意的是，使用这种方法需要你有高超的洞察力，善于察言观色，能够从客户的只言片语中找到有用的信息，并给予客户相应的刺激，而且你的所有的语言都要和销售有关系，还要能够出奇制胜，一下子就能抓住客户的注意力。

5. 找话题与客户进行聊天

这种方法比较适用于意向不明的客户。他们不会主动透露他们的愿望，或者他们自己也不知道，你需要帮助他们找出来，与客户聊天看似没有什么作用，但只要客户愿意和你聊你就能够在不经意中发现一些有用的信息。

别让客户在电话里就嫌产品贵

电话在预约客户的过程中起到了很重要的作用，也只有成功约到客户，才能开始销售活动。而我们发现，因为客户永远关心自己的利益，很多客户在电话里就会问到价格问题，此时，聪明的销售员一定不能让客户在电话里就说出“太贵了”这三个字，否则整个销售活动会因客户对价格的不满而导致失败。

营销小插曲

小元从事的是保健器材的销售工作，这些天，他推销的是一种按摩仪，而这种按摩仪最近正在搞活动，小元想，这下应该可以推销几台了。

他给一个潜在客户打了一个电话：

小元："您经常使用电脑吗？"

客户："是的，工作无法离开电脑。"

小元："您用完电脑以后一般会有什么不舒服吗？"

客户："脊椎啊，腰啊，感觉很疼。没办法，职业病啊。"客户倒是说话很实在。

小元："是啊，你这儿需要保健，不然落下病根就不好治了，我们公司的 ×× 按摩仪最近在搞活动，大特价呢，这是一个特别优惠的促销阶段，错过了就很难再有这样的机会了。您看是否有兴趣？"

客户："原来你是来搞推销的。"

小元："其实，也是，但是……"

客户："你不用说了，我现在对那什么按摩仪没有购买兴趣，因为我买过，没用。"

小元："不是，我的意思是，这次机会很难得，所以，我………"

客户问："那你们的价格怎样？"

小元："现在 ×× 款是 1999 元，是我们降价幅度最大的。"

客户："你现在推销的这个 ×× 款按摩仪，业绩如何？"

小元："其实，我们遇到了销售中的许多问题，的确，销售业绩不是很理想。"

客户："那怪不得了，价格这么高，能卖得好吗，太贵了……"

类似的推销电话，许多人也都有过体验，很多时候，销售员没有成功预约到客户，销售成绩并不理想，其中一个重要的原因就是让客户在电话中就说“贵”，也就没有了见面的可能。

金口才的秘密

关于报价，是销售人员不得不面对的问题。在很多行业中，价格是公司明确制定的，给予销售人员的权限也是一定的。那么，在电话约见客户时，当客户问到价格时，销售人员该怎样从市场的定位来报价呢?

1. 学会用“公司规定”这几个字

当销售员被问及价格的时候，要向客户申明“这是公司的规定”，这样才会尽可能地避免利润损失的风险。

2. 让客户尝尝有限的甜头

目前，在很多企业中，为了吸引客户，都实行了免费或者大减价。但作为客户，也总是有这样的心理，价格低甚至免费的产品，在质量和功能上肯定会有缺陷。对此，销售员在电话预约的时候，一定要明白客户的这一心理，不妨对这种甜头实行一定的限制，一定要说明产品的价值，别让客户认为你的服务价值为零。比如，你可以向客户说明，虽然是大减价，但是是限量提供或限期使用名额的，或者要告诉客户有免费和收费的两种版本，免费的是提供体验，通过体验让客户先了解到价值，然后在免费期即将到时，再根据客户的使用频率询问其是否愿意为继续使用付费。

3. 报价时要留一定的空间

一般销售人员在电话中报价的时候，要注意如下几点：

（1）多强调产品的价值和良好的服务，以此来转移客户的注意力；

（2）报价的时候要给自己留一定的空间，别自断后路；

（3）不要给客户过多空间。

首先，在降价次数上，不要超过两次，不然，客户会以为你本来的报价都有问题，尤其是那些对产品本身价格不了解的客户，会以为自己被骗，然后强行要求降价。你不妨告诉客户：“我们注重的是产品的售后服务，这价格已经是最低的了。”客户自会理解。

其次，可以给客户送些小礼品。有些客户喜欢图些小便宜，这也能让客户感觉到这已经是底线了，你这是在帮他争取最后的利益，动之以情，客户也就能体谅了。

面对客户犀利提问，这样轻松应对

接通陌生的电话之后，客户心中往往有诸多疑惑，一直萦绕在心头的便是：他们怎么知道我的电话？说出自己的疑问，表明客户迫切地想要知道答案，销售员不妨在回答问题的过程中赢得对方的好感。

营销小插曲

情景 1：

客户：“你从哪里知道我的电话号码？”

销售员：“您的朋友是我们公司的忠实客户，他说您一直想买一套健身器材，希望我们能够为您提供这方面的服务。”

客户：“哪个朋友？”

销售员：“您朋友希望我们不要透露他的信息，我要遵守约定，这样才不会违背公司的服务原则，您说是不是？”

客户：“哦，好吧！”

销售员：“请问您需要什么功能的健身器材，足部、肩部还是……”

情景 2：

客户：“又是搞推销的吧？”

销售员：“您说得对，我是 ××（公司简称）的业务员小玲，您能不能帮我一个忙？”

客户：“什么忙？”

销售员：“您能不能把电话转接到李总办公室，我找他有点事情。”

客户：“那你打李总的手机吧，这样多方便！”

销售员：“是这样的，我不小心将李总的名片落在家里了，上周我们约好今天讨论业务方面的事，这不，已经到了约定的时间了！”

客户：“李总规定不能随便转接电话，我也没办法！”

销售员：“您做事有原则，对公司也很负责，只是咱们都是服务于公司，希望公司发展越来越好，李总之所以这样规定还不是为了提高工作效率？我的这款软件能够提高贵公司10%的工作效率，李总一直很感兴趣！”

客户：“这样啊，那我给你转接过去吧！”

销售员：“谢谢您！”

情景3：

客户：“我现在很忙，请别打扰我！”

销售员：“李总，您如此忙碌，还不是为了让公司做大做强，我这里刚好有一种方法能够帮您提高工作效率，让项目完成时间缩短五分之一，我为您介绍一下好吗？”

客户：“什么方法？”

销售员：“贵公司为各大企业招聘人才，要是有一款便捷的搜索人才资料的软件，招聘项目岂不是能够缩短时间？”

客户：“有意思，能详细地介绍一下这款软件吗？”

销售员：“是这样的……”（根据客户的需求讲述软件的利益点）

情景4：

肯特是一家人寿保险公司的销售员。当肯特按照上一次电话中约定的时间与某公司的总经理安德森先生进行电话跟进时，安德森先生的回应很平淡。

安德森先生：“我想你今天还是为了那份团体保险吧？”

肯特：“是的。”

安德森先生：“对不起，公司不准备买这份保险了。”

肯特：“安德森先生，您是否可以告诉我到底为什么不买了呢？”

安德森先生："因为公司现在赚不到钱，要是买了那份保险，公司一年要花掉 1 万美元，这怎么受得了呢？"

肯特："除了这个原因，还有什么其他让您觉得不适合购买的原因吗？可否把您心里的想法都告诉我？"

安德森先生："当然，是还有一些其他的原因……"

肯特："我们是老朋友了，您能告诉我到底是什么原因吗？"

安德森先生："你知道我有两个儿子，他们都在工厂里做事。两个小家伙穿着工作服跟工人一起工作，每天从早上 8 点忙到下午 5 点，干得不亦乐乎。要是购买了你们的那种团体保险，如果不幸身故，岂不是把我在公司里的股份都丢掉了？那我还留什么给我儿子？工厂换了老板，两个小家伙不是要失业了吗？"

（真正的原因总算被挖出来了，所有开始时的理由只不过是借口，真正的原因是受益人之间的问题，可见这笔生意还没有泡汤。）

肯特："安德森先生，因为您儿子的关系，您现在更应该做好保险计划，让儿子将来更好地生活。我现在就上您那儿去，咱俩一起把原来的保险计划做个修改，使您两个儿子变成最大的受益人。这样一来，无论父亲还是儿子，哪一方发生意外都可以享受到全部的好处。"

安德森先生："好吧，如果能达到这个要求，我倒可以考虑签单。"

金口才的秘密

在电话销售过程中，经常会遇到上述问题。其实只要销售员会说，就能轻松应对这些问题：

1. "你从哪里知道的我的电话"

接通陌生的电话之后，客户心中往往有诸多疑惑，一直萦绕在心头的便是：他们怎么知道我的电话？说出自己的疑问，表明客户迫切地想要知道答案，销售员不妨在回答问题的过程中赢得对方的好感。

（1）不要犹豫。停顿的时间太长，容易让客户起疑心，自然地回答客户的问题，要有底气，思虑太多只会增加销售的难度。

（2）消除客户的疑虑。网上搜索、黄页、转介绍、公司网站查询……电话来源渠道要有合理性，让客户知道他的个人信息并未被泄露。

（3）及时转移话题。简单地回答完之后，快速将话题转移到销售的正常轨道上来，提高通话效率，不要在无关紧要的问题上打转。

销售员要仔细区分电话销售的对象，个人往往更看重隐私问题。要做到让客户安心，不要增加他们的思想负担。

2.“又是搞推销的吧”

客户的猜测是对的，同样说明他们曾经接听过类似的电话，也有应对电话销售的经验，此时，转弯抹角已没有任何实质性的意义，销售员要向客户传递一种不同以往的信息。

（1）判断客户的情绪状态。根据客户的语气分析他的心情如何，若语气轻快愉悦，说明他并不排斥电话销售；若语气不善，销售员就要谨慎地对待，先缓和客户的心情，再进行销售。

（2）设计精简的对白。字字斟酌，选择恰当的措辞，简单明了地阐述观点，说明利益点，引起客户的兴趣。

（3）尊重客户的选择。若客户清楚地表明拒绝的态度，销售员不要再勉强对方，尽快结束通话，为对方留下良好的销售印象。

3.“我很忙，请别打扰我”

客户以“忙”为借口，背后有两种可能的情况：客户的理由成立，他们深陷在忙碌的状态中；客户委婉拒绝，不想继续交谈。我们无从判断客户出自何种原因选择拒绝，但不要轻言放弃。

在开展电话销售的过程中，销售员会经常遇到客户繁忙的情况，要想延长通话时间，关键在于要让客户感觉接听的时间要有所值，选择的理由要真实可行。

4.“我不准备买了，下次吧”

当客户说“对不起，我们不准备买了”等拒绝话语时。一个成熟而有经验的电话销售人员会通过有策略的交谈，巧妙突破客户的防线，开发出客户的潜在需求。

挖掘客户的消费需求，就是要让他觉得眼前的商品可以给他带来远远超出商品价值之外的东西。每位客户由于其年龄、性别、职业、文化程度以及消费知识和经验的差异，在购买商品时，会有不同的购买动机和消费需求，因此，他们所要求得到的服务也不同，销售人员面对每一位客户都要细心观察，热情、细致地为他们提供所需要的服务。

客户的消费需求要求销售员去开发，聪明的销售员会在无意中给客户限制选择的权利或者是让消费者做出有利于销售员的选择。要想占有更大的市场，就要求销售员不断开发客户的需求。

四个方法巧妙应对电话投诉

工作中，销售人员不可避免地会遇到客户打来抱怨的电话，面对客户的抱怨和不满，销售人员要坚持一个原则，即真诚。要学会站在客户的角度考虑问题，关注客户的情感，尊重、理解客户的感受，诚心诚意地为客户解决问题。

营销小插曲

客户：“是××公司销售部吗？”

电话销售人员：“是的，我是销售代表×号，请问有什么可以帮到您？”

客户：“找的就是你。我在你们的网站上发布了招聘信息，可是直到现在连一份简历都没收到。你们的招聘效果也太差了吧！”（客户很愤怒）

电话销售人员：“您别急，慢慢说。”（向客户表示自己在倾听，让客户感觉自己受重视）

客户："我们的广告在你们的网站上已经发布两天了，但是最近这两天一份简历也没有收到，到底是怎么回事呀？"（语气稍有缓和）

电话销售人员："我理解您现在的心情，非常抱歉给您的工作带来了不便。您能回答我几个问题吗？"（表达同理心，真诚地向客户致歉，并通过询问的方式了解客户产生抱怨的真正原因）

客户："你说吧。"（电话销售人员态度好，所以客户的态度也跟着缓和了下来）

电话销售人员："您是哪家公司？"

客户："北京××公司。"

电话销售人员："喔，那是张先生吧。请问您在发布招聘信息的时候设置'简历转发至指定邮箱'这一项了吗？"

客户："设了，我们有专门收简历的邮箱，而且别的网站我同样发布招聘信息了，都能收到他们系统转发过来的应聘邮件。"

电话销售人员："请问您的邮箱空间还有吗？"

客户："当然有了，3G的空间呢。"

电话销售人员："哦，这样呀。非常感谢您能告诉我这些情况。我会马上问一下我们的技术客服，查看一下我们的后台，看看您说的情况是怎么回事？我一会儿就打电话给您，您看好不好？"（向客户表示感谢，同时提出解决办法及反馈时间，并征询客户的意见）

客户："好吧，请你赶紧问吧。要不我们的钱不是白花了！"

电话销售人员："好的。非常感谢您！"（成功解决了客户的抱怨，客户接受了电话销售人员的建议）

案例中，电话销售人员用真诚的态度，最终成功化解了客户的抱怨和不满。

金口才的秘密

在日常销售中，要想圆满处理客户投诉问题，如下四个方法可供借鉴。

1. 换位思考法

作为一名电话销售人员，当你接到客户投诉时，首先需要做的事情是换位思考。

接到客户的抱怨电话时，电话销售员首先要有换位思考的意识，也就是让自己站在客户的角度来看待问题。当你表达了自己的歉意，还是不能消除客户的抱怨，就需要换位思考，给客户足够的理解和尊重，这样才会让他感动，从而能够以理性的方式与你共同解决问题。

2. “三明治”法

“三明治”法，顾名思义就是两片“面包”中间夹着拒绝，也就是告诉电话销售员与客户沟通时既要学会说“是”也要学会说“不”。这种方法通常适用于解决客户不满意、与客户协商解决方案等问题。

（1）第一片“面包”：“我能为您做的是……”也就是告诉客户，你会想尽一切办法来帮助他，给他提供一些可选择的空间，借此来减少客户沮丧的感觉。

（2）第二片“面包”：“您能做的是……”在你控制一些情况之后，向客户提出一些可行的建议。

如：“王先生，我很理解您的想法，但是如果您离开了这里，这张 200 卡的余额浪费了确实比较可惜。按照我们公司的规定，电话卡只有发生损坏时才可以退款，也希望您能理解。类似于您这样的情况，我可以帮您向其他买卡的人推荐一下，按照卡内的余额原价转让给他人，同时您也可以留意下您的家人或朋友有没有需要用 200 卡打长途电话的，您看这样行吗？”

3. 协商让步法

协商让步法是指接受客户投诉时，在调查了解有关情况的前提下与客户协商，沟通时对客户的某些观点加以认可，以便取得客户的认同。比如，可以从考虑到其他客户的需求或感受的角度来解释，做出一些让步，找出双方都能接受的方案，对客户的损失适当补偿，如免费维修、包退、包换等，通过减少客户损失的方式取得客户的谅解，赢得客户的信任。这种方法适用于受理客户投诉、与客户协商解决方案或客户对解决方案不满意等情况。在沟通中要注意用语的恰当，尽量避免说“您说的话很有道理，但是……”等。

4. 从众心理法

从众心理法是针对不完全了解产品和服务就投诉的客户，电话销售人员利用人的从众心理，将投诉客户和其他客户的感受进行对比，让客户在心理上获得一种平衡，从而取得客户谅解的一种沟通技巧。这种方法的通用模式是：“我很理解您现在为什么会有这样的感受，其他客户也曾有过同样的感受，但是经过说明后，他们发觉这种规定保护了他们自身的利益，您觉得呢？”电话销售人员在处理客户投诉时讲究方式方法，恰当地把握分寸，既要平息客户的怨气又要维护企业的利益，这样的做法才是最有效果的。

第七章

会说专业话：先做产品行家，才能说服买家

想要成为一名优异的销售员，就要精准地针对产品的最佳卖点与客户进行交流沟通。所谓最佳卖点，就是指该产品对客户产生的作用以及给客户带来什么好处。当销售员掌握了销售的卖点后，就能更顺利地向客户推销产品。

卖点！卖点！说出你的产品卖点

销售过程中，我们通常会遇到这样的情况，无论怎么陈述产品的优点，引导客户购买，但客户似乎总是提不起兴趣，最终还是放弃购买。这时，很多经验尚浅的销售员会选择放弃推销或者继续喋喋不休地向客户推销产品。实际上，这两种做法往往都是无效的。原因是什么呢？主要是销售员只是为了介绍产品而介绍，而这样的介绍无异于产品说明书。此时，如果能转换一下介绍产品的方法，尽量向客户陈述产品的卖点，用产品的卖点打动客户，那么，情况可能会截然不同。

营销小插曲

张华是一家大型商场A品牌的电视销售员。在这家商场中，电视的品牌繁多，而张华却一直能够在激烈的竞争中保持很好的销售业绩，他的秘诀就在于：充分了解每个品牌的产品并适时地将这些信息运用到平时的销售工作中，这样不仅扩展了自己的知识，也赢得更多的客户。

一天，一位先生来到商店选购电视。当来到A品牌电视展台前时，张华热情地接待了这位客户。

张华："先生您好，您是来选购电视的吧，需要我为您介绍一下吗？"

客户："我刚从那边过来，那边B品牌的电视我看着不错，就是太贵，所以我来你这看看。"

张华："那先生您可来对了，B品牌电视优点确实很多，但是就像您说的价格是偏高的，而我们的电视也同样具备B品牌电视的优点，我们的电视具有画面清晰、机身轻薄、超大屏幕、不受电磁干扰、耐用性高等优点，而且价格也会比B品牌电视优惠一点儿。”

客户："哦？是吗？我就是想买一台机身轻薄、比较耐用的电视，B品牌的电视我就是看上这点的，那你们的电视价格是多少？"

张华："价格方面您放心，我们品牌之所以没有那么高的知名度就是因为我们把投放广告的钱全都让利给客户了，所以价格肯定会让您满意的。我们的价格是××元。您看怎么样？合适吧？"

客户："是比B品牌的电视便宜，这电视售后服务怎么样？"

张华："是这样，先生，我们的电视保修……"

客户："行了，就要它了！"

就这样，张华成功地完成了交易。

张华的成功之处就在于，他提前了解了对手的产品卖点并巧妙地运用到自己的工作中。在开始时先用客户对竞争对手的欣赏之处吸引客户的注意力，之后慢慢深入，逐步说服客户并把客户引导至现有产品的介绍中来，最终赢得了客户的信任，达成交易。

金口才的秘密

只有充分向客户展示产品的卖点，同时挖掘出客户的需求，才有可能令客户动心，最终达成购买协议。那么，具体来说，我们该怎么做呢？

1. 提问法可以帮助我们了解客户的需求

在介绍产品时，如果发现客户对介绍不感兴趣，我们就要思索：产品是不是不能满足客户的需求？此时，不妨通过提问来获得答案。这里提问的方式有两种：开放性提问和限制性提问。开放性提问可以获得大量的信息，但同时也容易偏离谈话的方向；限制性提问可以引导谈话的方向，但是会产生被盘问的感觉。

准确了解客户对产品的需求之后，再围绕客户所需要的产品展开介绍和宣传。了解客户的基本需求是销售人员与客户第一次接触首先要明确的问题。

2. 突出产品的特点与个性

随着市场经济的发展，人们对产品的要求也逐渐提高，并逐渐钟情于那些另类、个性、具有特殊卖点的产品。一旦他们认识到我们的产品具有这些特点，则会难以割舍，他们可能会认为再也找不到这样的产品了，从而产生很好的情感归属。因此，要想留住客户，不让客户被竞争对手抢走，首要的问题是必须学会满足客户的需求。增添产品个性化的语言是提高市场竞争力的主要手段。

3. 引导客户对产品服务产生认同

在销售当中，谁是产品专家？应该是销售员，产品是他们每天都在接触的对象，他们对于自己产品优缺点的了解胜于客户的了解。

总之，无论我们的产品质量如何，科技含量多么高，经营的策略多么先进，都需要以最恰当的方式传达给客户，而不是单纯为了介绍产品而介绍，否则，我们的介绍和产品说明书就没什么不同了。要想真正留住客户，就要满足客户个性化的心理需求。

四个步骤打造一份诱人的产品说明

进入正式面谈的程序后，下一步就是向客户介绍产品。如何介绍产品才能引起客户的兴趣呢？这就需要销售员有特殊的本领。其中，有步骤、有顺序地介绍产品就是很管用的一招。有步骤、有顺序地介绍产品，会让客户觉得你是一位专业人士，不仅如此，你所陈述的产品特点和优势也会很自然地被客户接受。

营销小插曲

北京四海天恒公司是一家经销办公设备的贸易公司，为了向客户展示新产品，公司常常不定期地开展示会。这次展示会公司邀请了200多名客户参加。刚刚入职两个月还没有业绩的刘俊好不容易邀请到了客户赵经理参加展示会。

赵经理如约来到了展示会上，但在观看产品的时候，他并没有下决心购买，也没有站在刘俊平时经常给他介绍的那款打印机旁，而是站在另外一款新型号的机器前左看右看。刘俊见状，上前说道："赵经理，您对这款机器感兴趣？"

"嗯，是的。这款功能好像更多些。"赵经理说。

"基本差不多。这款机器是刚上市没多久的，目前的价格是3500元。"

"哦，那这款机器的输出速度是多少？"赵经理问道。

"输出速度是每分钟15页，跟我之前介绍的那种一样。"刘俊有问必答。

"这是哪个型号呢？"赵经理问。

"品牌的1001型号。"刘俊答道。

"哦……"

如果客户要真心购买某一产品，那么他一定会尽可能多地了解此类产品的信息，尤其是购买价格比较高的产品更是如此。所以，销售员一定要掌握所有产品的详细信息，并且有步骤、详细地介绍给客户。可以看出，刘俊为赵经理介绍新机器时完全不是有步骤、有顺序地进行的，整个情景都是客户问，刘俊答。对于刘俊来说，这是非常被动的局面，会严重影响客户对产品的购买积极性，进而影响整个销售。针对以上情景，销售员可以这样做：

"赵经理，您对这款机器感兴趣？"

"嗯，是的，这款功能好像更多些，"赵经理说。

“两款机器的功能其实都差不多。这款机器是J品牌的1001型号，目前的价格是3500元，在去年10月刚刚上市，销售情况非常不错。这款机器与之前我给您推荐的那款相比，区别在于：这款1001型号的机器……那款机器……”

“听了你的介绍，我觉得这款机器也不错。”赵经理道。

“是的，您也可以把这款机器作为您的备选机型。”刘俊微笑着回答。

“嗯，是的……”赵经理说。

如果在整个的产品介绍过程中你处于主动地位，那么很大程度上，客户的思维已经被你的语言所左右，你则可以占据销售优势。

金口才的秘密

其实很多销售员对产品的信息都非常了解，无论是基本特征还是产品优势，他们都烂熟于心，他们缺少的只是把这些产品信息有步骤、有条理地介绍给客户。

1. 说出产品特性

如果说销售的成功95%靠的是热情，那剩下的5%靠的就是销售员所掌握的产品知识。如果销售员只有销售热情，却对自己所销售的产品知识不了解，也是无济于事的。所以销售员必须熟知产品的基本特征，并在为客户讲解时流畅地讲出来。产品的基本特征包括：产品名称、型号、价格、产地、性能等。只有将这些信息介绍给客户，客户才会对你的产品有一个最基本的了解。

2. 说出产品的的优势

当前的产品市场极其丰富，可以说任何一种产品都有竞争对手。当然，客户之所以选择购买某种产品，是他有这方面的需求。但是，面对众多的同类产品，如何让客户选择你所销售的产品呢？这就需要销售员把产品的优势毫无保留地展示给客户。

产品优势是销售员为客户介绍产品时最为关键的信息，也是产品介绍步骤中最重要的一步。只有让客户认同了产品的优势，才能激发其购买欲望，才能慢慢培养其品牌忠诚度。那么，产品的优势主要体现在哪些方面呢？

（1）品牌效应。随着人们品牌意识的提高，客户越来越重视产品的品牌知名度。但这并不是说你所销售的品牌知名度越高成交率也就越高，因为品牌知名度高，相应地，价格也就会高，而高价格并非是每个客户都能接受的。现在，客户选择产品都比较理智，通常是“只选对的，不选贵的”，所以，针对不同的品牌，销售员要用不同的方法去说服客户。

第一，成熟的一线品牌。这种品牌几乎人人皆知，所以销售员在向客户介绍时就不用刻意地强调该品牌如何有知名度了，而是要重点突出口碑、质量、服务等这些由一线品牌所带来的附加值。比如：“先生，××牌子的电脑是我国民族品牌，您买了这款电脑，质量是可以保证的，如果遇到什么问题，打一个电话我们就会上门服务。”

第二，性价比高的二线品牌。二线品牌由于质量稳定、价格合理，通常会比成熟的一线品牌销量高出很多，销售员在介绍这类产品时，重在强调产品的性价比。比如：“先生，这款车省油、内部空间大，内饰也很好，性价比非常高，在近两年的中档车销售排行里，每年都排前三名。”

第三，不知名品牌。客户通常会对不知名品牌有一种排斥心理，认为没有听说过的就不愿意尝试购买，这是一种正常的心理。销售员在遇到这种情况时一定要寻找各种证据，证实产品质量具有稳定性、售后服务有保障、价格优惠等。比如：“小姐，您看，这是产品的质量认证证书，还有这个，是著名影星×××为此产品做的代言，即将在本市的媒体上投放。”

总之，品牌问题是销售员在介绍产品时一定要面对的问题，无论你产品的品牌知名度是高是低，你都要热爱自己的品牌，热爱自己的产品，这样你才能充满激情地去向客户介绍。

（2）价格优势。在购买产品时，每个客户都想用最少的钱买到最好的产品，所以如果你销售的产品在价格方面有较大的优势，一定要将其作为重要的卖点介绍给客户。

与其他同类产品相比较，即便是你的产品不具备价格优势，“价格”也会成为客户是否购买的一个关键要素。所以，如果客户认为你的产品价格相对比较高时，销售员就要引导客户不要只关注价格，还要关注其背后的质量、服务等其他附加值。

要想把产品的价格优势毫不保留地介绍给客户，销售员就要在了解自己产品的同时，了解其他同类产品的信息，以便透彻地分析产品设计、质量等方面与同类产品相比的优势，向客户说明购买你的产品的好处要远大于购买其他产品，从而引导客户正确看待价格的差异。

（3）特殊优势。除了品牌和价格优势，销售员还要跟客户讲明与同类产品相比，自己的产品在设计、质量、外观等方面的独特优势，尤其是产品所含的新功能，更要重点说明。原因是客户都有好奇心，对新颖、独特的产品都会眼前一亮，销售员一定要把握住客户这种心理，及时说服客户购买你的产品。

3. 介绍产品能给客户带来的利益

美国首屈一指的个人成长权威人士博恩·崔西说过：“不推销产品，而推销产品能带给客户好处。”的确，在向客户推销产品时，说出产品给客户带来的利益和好处，是一个专业销售员所必备的技能。销售员可通过以下两种方法实现：

（1）认同并重复客户的需求。专业的销售员会在客户的只言片语中迅速地捕捉到客户的需求，并用一种肯定的语气来重复这种需求。此时通常就会给客户一种心理暗示：我们的产品可以满足您的需求！

销售员：“汪先生，您要购买的笔记本电脑配置要求是速度快、硬盘大、便于处理图片，而且适合户外办公，是这样的吗？”

汪先生：“是呀！我就需要一台这样的电脑，你这里有吗？”

（2）用产品的优点满足客户的需求。销售员在确认客户的需求以后，就应该用产品的特征或者优点来满足客户的这种需求。仍以上述那位电脑销售员为例：

销售员："汪先生，您看这款电脑，它采用奔腾4处理器，硬盘是160G的容量，您可以随意处理或存储图片。另外，它体积小、重量轻，非常方便携带。而且它还具备无线上网功能，您在机场、火车上也可以通过电子邮件和外界联系，满足您户外办公的需求。"

汪先生："太好了，我可以仔细看看吗？"

很显然，客户已经被销售员的介绍所吸引并产生了极大的兴趣，所以才会要求进一步仔细看看。也就是说，销售员为客户介绍的产品利益点已经被客户接受了。

在介绍产品能为客户带来的利益时销售员需要注意，切记不要夸大产品的功效，更不要无中生有、欺骗客户。对待客户一定要诚信，这样你才能和客户成为朋友，才能在销售的道路上越走越远。

4. 介绍产品的售后服务

在销售中有这样一句话："销售员业绩的80%是由20%的老客户带来的，如果丧失了这20%的老客户，销售员将丧失80%的市场。"这告诉每一位销售员，想要在销售领域占有一席之地，不仅需要优质的产品，还需要完善的售后服务。

现在的客户都会对自己所买的产品的售后服务，售后服务的期限、态度以及优势等十分关注。因此，即便销售员在介绍产品时涉及了这一点，在最后依然要特别强调一下，以便让客户放心购买。

总之，销售员在向客户介绍产品时，不仅要说得动听，更要说得有序，这样才能让客户详细、深入地了解产品，才能一步步地吸引更多客户。

“秒杀”客户的产品介绍口才术

介绍产品的初衷是为了让客户了解产品，进而产生购买兴趣。而如果销售人员为了显示自己的专业知识，在客户面前卖弄，满口的专业术语、难懂的英语单词，比如“i3”“纳米技术”“保费豁免”等，不仅客户听不懂，还会犯迷糊、犯嘀咕，当然也就不会为自己不熟悉、不了解的产品埋单了。

营销小插曲

张林是一家公司行政助理，由于公司往来的信件越来越多，所以需要换个新邮箱，于是他约来一位销售信件分投箱的销售员。

张林向销售员介绍了公司每天大概收到的信件数量，并对信箱提出了一些具体的要求。

听完张林的要求，那位销售员不假思索地说道：“我想您需要的是TAS。”

张林好奇地问：“TAS？它是什么呢？”

“TAS是我们公司生产的一种信箱，非常符合您的要求。”

张林当然没有明白TAS到底是一种什么信箱，他试探着问：“那它是木头做的、塑料做的，还是金属做的？”

“您想要一个金属做的信箱吗？那就可以选择我们的JIN了。您还可以为每个JIN配上两个SJIN。”

张林听得有些糊涂，但他又补充了一点自己的要求：“我们有些信的信封会特别大。”

“JIN 只能收发普通信件，如果信封较大，您就要改用配有 FED 的 BIG 了。”

张林强压住心头的怒火，说道：“朋友，你的话让我听起来像在云里雾里。你要知道，我买的是办公用品，不是字母。如果你说的是外语，我也许找个翻译才能弄清楚你们产品的材质、规格、容量和价格，装个信箱真够费劲的……”

销售员站在那里无言以对，讪讪地说：“对不起！”张林耐着十二分的性子说：“把你们产品的介绍资料给我留一份，有需要我再与你联系吧！”

最终的结果是，张林还是选择了这家公司的产品，只是找了另外一位销售员进行了交易。

语言是用来沟通的，如果对方听不懂，就等于白费口舌。比如，上面案例中信箱的销售员，满口专业术语和英文单词，让客户张林怎么也听不明白，他又怎么可能购买呢？

产品介绍其实并不复杂，只需要客户听得明白就可以了。作为销售人员，要想快速签单，在产品介绍这一环节上一定要多下功夫，力争用最通俗的语言把产品的优点呈现出来，用客户最容易理解的方式告诉他们产品能给他带来的利益，这样才能让你更快地达成交易。

金口才的秘密

要想把自己想要表达的内容最直观地告诉客户，销售人员必须遵循以下几个说话原则：

1. 使用客户能听懂的词汇和语言

销售同样的产品，表述同样的内容，不同的销售人员会采取不同的介绍方式，传递给客户的信息也会大相径庭。“言不顺，则事不成。”如果表达不清楚，语言不明白，就可能会与客户产生沟通障碍，影响交易的达成。

所以，销售人员应尽量使用客户能听懂的词汇和语言来传达信息，不能咬文嚼字，不能用太多修饰的词语，以免使客户不知所云，理不清头绪。

2. 视情况决定是否使用专业术语

尽管专业术语在一定程度上能提高销售人员的专业形象，但是，在使用时也必须视情况而定，适可而止。

有些产品的功能，介绍时必须要用到专业术语，此时，销售人员最好用通俗的语言给客户解释清楚。比如产品采用的是纳米技术，销售人员就要给客户讲清楚什么是纳米技术。

如果客户是非专业人士，对产品知之甚少，那么你在介绍产品时就应尽量不用或少用晦涩难懂的专业术语，因为这会让客户感到一头雾水，对销售根本起不到任何作用。而面对专业人士时，专业术语的使用也不能太多，那样就有卖弄之嫌，班门弄斧，客户自然也不买你的账。

3. 要讲好普通话，还要学点儿方言

销售是同人打交道的工作，销售人员接触到的客户可能来自五湖四海、四面八方。因此，作为销售人员，不仅要听懂客户的话，还要让客户听懂你的话。讲好普通话，销售人员走遍全国也不用担心沟通问题。此外，假如销售人员能用客户所使用的方言和对方交流，必然能使客户感到亲切，从而可以助销售一臂之力。

产品弱点不是“不能说的秘密”

世界上任何产品都不可能是十全十美的，或多或少会存在一定的缺陷或瑕疵。销售人员在向客户介绍产品时，既要充分讲明产品的优点，也不能故意隐瞒产品的缺陷，适当地自曝其短，不但能够将这些缺陷在销售中的“危害系数”降到最低，还能为你赢得“诚信”的好名声，你的销售也会更加顺利。

营销小插曲

某房地产公司在一个地理位置极佳的区域开发了两栋住宅楼，这两栋楼都是精装修，还安装了中央空调。楼盘开盘后，来看房的人络绎不绝，可是最后购买的人却寥寥无几。原来在离这两栋楼 300 米的地方有条铁路，每天火车会在上午 10 点和下午 4 点从这里经过。

开发商很头疼，但是他们又不想降价出售。一次偶然的机会，该开发商认识了某营销咨询公司的总经理刘志文，于是他就把那两栋楼滞销的情况说给了对方。刘志文听完介绍，说："我帮你代理楼盘销售，并保证在 3 个月内将所有的房子都卖出去。"

"那你一定是要降价出售了？如果这样的话我将会损失一大笔钱。"开

发商说。

“恰恰相反，我建议每平方米房价再提高500元，但是你需要精装房屋并为每户配一台液晶电视。”（当时液晶电视并不普及，拥有液晶电视是很多家庭的梦想）

开发商同意了这个意见，购买了液晶电视，安装到每户的客厅墙上，并将这两栋楼交由刘志文公司销售。下面我们看看刘志文是怎么做的。

他规定只在火车驶过之前开放房屋让客户参观而不是随时都可看房，因此每天只带两拨儿客户来看房。

“欢迎光临！请进！”刘志文招呼客户进入其中一个房间，这个房间正冲着不远处的火车道。“我让各位在此刻进来参观，是因为我们所有的房子都有一个独特的特点。首先，请各位听听看，你们能够听到什么。”

大家很好奇，都想听出这个房子有什么独特之处，可是似乎没有人找到答案。突然有人说：“我只听到了空调的声音。”

“是的，如果我不说，也许大家都不会注意这个噪声，因为大家都已经习惯了空调的声音了。然而，当我们第一次听到这声音时，肯定会注意到，但是一旦对此习惯了之后便不再有困扰了。”

接着，刘志文把客户带进客厅，指着液晶电视说：“我们将会把这台美观时尚的液晶电视随同房子送给大家，以作为大家不得不适应一段时间1分钟火车声音的补偿，这种噪声每天出现两次。不过，你们肯定能像适应空调声音一样很快适应它。”

然后，他把液晶电视打开，调到正常音量：“想象一下您一家坐在这里，其乐融融地观看电视的情形。”这时，火车恰好驶过，它的声音由远及近，再由近及远，显然客户们都清晰地听到了这一声音。

火车渐渐走远，刘志文对客户们说道：“各位，火车会在每天上午10点和下午4点两次经过这里，每次约1分钟，这一时间肯定不会影响大家的正常休息。现在请大家考虑一下，您是否愿意忍受这点小噪声，却拥有这样一个有中央空调和液晶电视的精装修房屋呢？”

就这样，3个月后，这两栋楼房中所有房屋售罄，开发商惊诧不已。

“王婆卖瓜，自卖自夸。”可是如果将产品夸得太好，反而会引起客户的怀疑，自然不可能痛痛快快地买下产品。

销售人员在介绍产品时需要“扬长避短”，但是“避短”并不是将缺陷视为“不能说的秘密”，而是要在适当的时候将产品的缺陷委婉地告诉客户。这种坦白相告反而会取得客户的信任和好感，正如罗斯夫科尔德所说：“主动承认自己的小缺点，是为了让他人相信我们没有大缺点。”

金口才的秘密

销售人员要做的就是让客户把注意力转移到产品的优势上，巧妙地取长补短，从而让客户坦然地接受产品。

1. 给客户灌输“适合的就是最好的”理念

没有最好，只有最适合。销售人员要适时地给客户灌输“适合的就是最好的”理念，即使产品有短处，但适合客户就好。

有时候，客户对自己的需求并不十分清楚，往往提出一些看似合理、实则却没什么必要的要求，而自己的产品也达不到客户的需求。此种情况下，销售人员就要询问客户的真实需求，引导客户“务实”，购买适合自己的产品。

2. 用产品优势来弥补缺陷

销售人员在介绍产品时，应将重点放在产品优点的介绍上，围绕客户需求，突出产品的整体优势，以此来弥补其存在的缺陷。比如，当客户对空调的“制冷速度慢”提出异议时，销售人员就可以说：“没错，这款空调的制冷速度是有点儿慢，但它并不影响您的正常使用，而且其耗电量小，价格比同类空调便宜500元，厂家还提供5年的免费维修服务。”

另外，要突出优势，销售人员还可以与其他同类商品进行横向比较，比如：“我们的产品确实不便宜，但是技术和质量却是当今世界上领先的，只有一流的技术才能生产出一流的产品，也才敢卖出这样的价格，就像奥拓不可能卖出奥迪的价格一样，您说是吗？”

3. 曝短，宜少不宜多

销售人员如果主动说出产品的短处，虽说可以赢得客户的信赖，但是短处毕竟是短处，还是应该宜少不宜多。客户当然是喜欢完美的东西，如果产品瑕疵少还可以接受，如果过多肯定难以接受。所以，销售人员介绍产品时，要遵循以下两个原则：

（1）明显的“短”一定要主动“曝”，即产品如果存在某些显而易见的问题，客户自己也能一眼看出来的“短”处，销售人员就应该主动跟客户讲清楚。

（2）细微的“短”可以“曝”，即产品存在的细小问题，只要不明显、不影响正常的产品功能和使用，那么销售人员可以跟客户提出来，比如“衣服的扣子有点松”“车身有一道细小得几乎看不见的划痕”等。

4. 先抑后扬是“揭短”的说话技巧

自曝其短，销售人员可以先说明产品缺陷，即“抑”，然后转入介绍产品优点，即“扬”。这一“抑”一“扬”之间，既展示了销售人员的诚实品格，又凸显了产品优点，一举两得。比如：“虽然这款产品在 ×× 方面还有不足，但是它和同类产品相比还是有明显优势的。第一是……(列举产品优点)”“这是最后一件，最上面的扣子掉了，您回去缝上就好了，一点儿都不影响您穿的效果。您看，这衣服确实像给您量身定做的一般，我再给您优惠些……”

说出产品利益点，客户怎能不动心

卖点，也就是最能打动客户的利益点。销售人员介绍产品时，不光要围绕客户的需求进行，还要将你的产品优势充分展示给客户，要将产品的优点转化为对客户的利益点，这样才能自信地向客户说明自己的产品能够更好地满足他的需求，也才能打动客户并使之购买。

营销小插曲

刘超是某房地产代理公司的销售人员，在秋季房展会上，她看到一位手里拿着很多楼盘资料的客户来到了公司的展位前，显然这位客户有购房需求，而且也看过不少楼盘。

刘超走上前去，问道："您好，我是这里的销售员，有什么需要帮助您的吗？"

客户："哦，你好！先给我说说你们的 ×× 楼盘项目吧！"

刘超："好的，很高兴为您服务，不知道您想买什么地段的房子？"

客户："我觉得你们这个楼盘的地段和 ×× 地段的房子都不错，所以还得好好比较一下。"

刘超："哦，这样啊，我对那个地段的房子也比较了解，那我给您介绍一下这两个楼盘之间的差异，供您参考吧。"

客户："好的，太感谢了！"

刘超："首先，比较一下交通条件。您看，我们这个楼盘不远处就是地铁口和公交车站，从这里到本市的任何地方都很方便。再看看周边商业设施，周围有三家大型超市、一家综合商场，您到时候购物非常方便。而那个地段还没有形成这样的商业环境，相信您已经看到了。”

“其次，在装修精度上虽然我们比不上那个楼盘，但我们的价格相对低些，这等于为您节省了很大一笔钱，而这笔钱也足够您按照自己喜欢的样式进行装修了，甚至还能为您多添置几件精美的家具。”

“最后，您再看看我们房间的布局设计，简单实用，空间利用率高。与其他楼盘同样面积的房子相比，我们房间的可利用空间至少要高出5%。此外，我们还在卧室中特别设计了安放书桌或电脑桌的位置，这可是其他楼盘所不具备的。”

客户：“听起来好像是你们这里什么都好，是吗？”

刘超：“我只是尽量把我们房子的实际情况介绍给您，以供您参考。您看了那么多的楼盘，肯定心里跟明镜似的，最终买不买我们的房子还需要您自己决定。您说是吗？”

客户：“是的。你说的关于两处房子的差别，我也比较认同。把你们的资料给我一份，我和家里人商量一下。”

刘超：“好的。这是资料，这是我的名片。如果您有什么问题可以随时给我打电话，希望能尽快得到您的答复。”

客户：“好，再见！”

刘超：“再见！”

案例中，好的交通条件让客户出行便利，完善的商业设施让客户购物方便，没有装修而价格低可以为客户节约购房成本，而客户还可以按照自己的喜好装修房子……这些产品的优势，售楼人员刘超都转换成了能给客户带来的利益，客户怎么能不心动呢？

金口才的秘密

将产品的特点有效地转化为产品能给客户带来的利益，进而凸显产品的优势，在竞争中取胜。台湾学者郭昆漠创立了FAB销售法，即先介绍产品的特点(Features)，再说明产品的优点(Advantages)，最后阐释产品的利益(Benefits)。它巧妙地把客户关心的问题融入产品的介绍当中，让客户很容易清楚自己购买产品后将获得哪些好处。

1. 介绍产品的特点

产品特点是指产品最基本的特性，任何一件产品都有其特性，否则便失去了其存在的意义。所以，销售人员要能够深入发掘自己产品的特点，在介绍产品时应多关注自己的产品与其他产品的差异，并将之作为独特卖点详细介绍。

2. 说明产品的优点

产品的优点是指产品与其他同类产品相比较后凸显出来的长处。

当然，销售人员在介绍产品优点时也应围绕客户的需求展开，否则会适得其反。比如，最好不要在崇尚“实用”的客户面前过多渲染产品的“时尚和与众不同”，而在看重价格的客户面前就要多讲产品的性价比，让客户感觉到产品确实是物超所值。

3. 阐释给客户的利益

利益是指产品对于客户的价值，即产品能为客户带来什么好处，这也就是产品能够在竞争中胜出的独特卖点。比如，周边交通条件发达的楼盘能给客户带来出行方便；品牌高档汽车给客户带来的不仅是安全、舒适，更是一种财富和地位的象征……

销售其实就是说出客户的需求，并向客户展示产品利益的过程。如果不能针对客户的具体需求说出产品的相关利益，客户就不会对产品产生深刻的印象，更不会被说服进而购买。所以在介绍产品时，销售人员一定不要忘记将产品的优点转化为对客户的利益，通过强调客户得到的好处来激发其购买欲望。

要以客户喜欢的方式谈论话题

有的客户说话比较直接，有的客户说话比较委婉，每个人都有自己的谈话方式。在销售过程中，销售员要学会迎合客户的说话方式和语气，以客户喜欢的方式去谈论与产品或服务相关的话题，往往更容易获得对方的好感和认可，从而接纳推销的产品。

营销小插曲

抓住了客户的兴趣，以对方喜欢的方式展开推销，客户接受起来就容易多了。

小林是一名空调销售员，一次，在朋友的介绍下，认识了一位室内装修设计师。第二天，小林去拜访这位准客户，准备把空调销售给对方。

小林叩开了客户的门，开始，客户非常热情地招待了他。小林进去之后，就趁机展开了话题。

小林："听朋友讲，你是一名优秀的室内设计师，我也有这方面的爱好，但只是对此略知一二，并不精通，今天可算是找对人了，得向您请教请教。"

客户："我暂时不需要空调。"

小林："罗先生，我今天来不是谈空调，我那房子最近需要装修，我真心向你请教。"这时，客户脸上的表情才逐渐缓和了点儿。

小林走到屋子的一角，仔细地看着墙上的木板说："这是枫木吧，木质看上去非常细腻，很漂亮！"

客户："是的，枫木是北美洲的产物，这种木材有细致的纹路，非常高贵，如果配上浅色的暖黄色调，现代主义的图案，颇具西方人文主义的意境。”对方在说话的同时，情绪高昂，一副自豪的样子。然后，小林又在客户的带领下进了另一个房间，客户一件件仔细地介绍室内的装饰，从木质谈到屋内格局，从比例大小谈到色调，从工艺谈到价格……两人相谈甚欢，小林饶有兴致地听着，并不时提一些对方感兴趣的话题。

参观完屋子，两人回到沙发上，这时，小林见时机已成熟，便有意把话题引到空调上来。“空调作为室内布局的一个重要物件，与装修有极大的关系！”在小林的引导下，客户终于预订了一台。

金口才的秘密

兴趣是产品介绍过程中的润滑剂。在介绍产品之前，谈论一些客户感兴趣的话题可以使双方更快地形成默契。如果销售员能够抓住客户的兴趣，从这个点来印证产品与兴趣的联系，就能很好地说服客户。

1. 如何寻找客户的兴趣

一般情况下，一个人在接受某个陌生人或者某个观点的时候，在心理上都需要有一个适应过程。对于客户也一样，他们通常不会马上接受销售员以及其所销售的产品。这就需要销售员在销售产品之前要找到对方感兴趣的话题，然后再伺机引出自己的销售话题。

抓住客户的兴趣、爱好，可以使整个销售沟通充满生机。通常销售员可以遵循一些规律(一些特殊情况除外，具体情况具体对待)，从以下几方面来引起客户的兴趣：

（1）客户的工作情况，曾经取得的成就或者未来的期望等；

（2）客户的健康状况，如提醒客户注意身体、为客户提供一些保养知识等；

（3）客户的家人，如孩子的学习情况或父母的一些信息等；

（4）客户的主要爱好，如体育运动、娱乐休闲方式等；

（5）和客户一起怀旧，比如提起客户的故乡或者最令其回味的往事等；

（6）谈论时事新闻，经常浏览一些报纸，提前了解最近发生的重大新闻事件等；

（7）大众比较关注的社会焦点问题，如房地产是否涨价、如何节约能源等。

2. 要以客户喜欢的方式谈论话题

对于客户十分感兴趣的话题，销售员一定要通过对方喜欢的方式去介绍，只有双方进入谈话的状态才能达到效果。如果销售员总是习惯用自己的语气、自己的说话方式来交谈，很有可能会使对方产生不被重视的感觉。因此，在与客户进行销售沟通之前，销售员随着谈话的进程，应随时调整自己的谈话方式，这样在沟通过程中才能有的放矢。

找出客户需求点，你能做得到

客户最关心的往往是产品能为他解决什么问题、带来什么利益，而不是产品本身。所以，到了产品介绍阶段，销售人员切忌在对客户需求一无所知的情况下，就贸然对产品做过多介绍。

如果你还不清楚客户想购买什么样的产品以及为什么购买，那就要想办法弄清楚，而不应该只是一味地介绍你的产品质量有多好、价格有多低、性能有多高……产品介绍一定要围绕客户的需求进行，否则只会徒劳无功。

营销小插曲

一位母亲想为自己11岁的孩子买一套科普图书，她看到报纸上有一则大百科全书的广告，就打电话给那家图书公司，询问这套图书的有关情况。

销售员："您好，×× 文化公司。"

客户："你们那里正在销售一套百科全书，对吗？"

销售员："是的，我们销售的是一套 80 册精美图书的百科全书。"

客　户："你能说说这套书有什么优点吗？"

销售员："这套书的优点实在是太多了，它们全部都是用铜版纸彩色印刷，封面采用的是真皮材料，封面上的文字是烫金的，而且都是以精装的工艺装订而成，具有很高的收藏价值。您可以把它们作为房间装饰品摆在书架上，还可以把它们当作礼物送给朋友。"

客户："哦，这个我已经想到了，你能给我讲讲里面的内容吗？"

销售员："当然可以，本书内容是按照字母顺序编排的，您可以很快地查找到所需要的内容。还有本书的图片非常逼真，里面的每一幅动物图片看起来都栩栩如生。"

客户："这个我知道，不过我想知道的是……"

销售员："我明白您的意思。您一定想问这套书的内容全不全，这我可以很负责任地告诉您，本套书内容无所不包，不管是物理还是化学，地理还是历史，所有的疑问您都能从这套书里找到答案，我想这非常适合您。"

客户："不是，我是为我的孩子考虑的。"

销售员："哦，这个我们也考虑到了。我们会送给您一个带锁的小书柜，这样您的孩子就无法拿到它，也就不会弄坏它们了。"

客户："我就是在为孩子买书，如果把它们锁起来我还买它们做什么？"

试想，上述案例中的客户会买那套百科全书吗？答案显而易见。销售员的一通自以为是的产品介绍就够让客户"头痛"的了，谁还有心思考虑值不值得买。

这是很多销售人员容易犯的错误，非常卖力地介绍产品的好处，结果却一无所获。究其原因，他们心里总想着如何搞定客户，却忽视了客户的真实需求，只顾着罗列产品的优点，却不去了解客户的兴趣所在，结果自然是说不到点子上——不能介绍出客户期望的产品性能和功效，不仅不会吸引客户的注意，反而会让客户失去耐心而放弃购买。

相反，若客户听到产品能满足自己的需求，自然会产生购买欲望，而不需要销售人员花费太多的力气来推销。因此，产品推介，销售人员应该围绕客户的需求进行有针对性的介绍。

金口才的秘密

在现实销售中，如何发掘客户的真实需求呢？销售人员可以从以下三个方面入手：

1. 多发问，先探知客户需求

客户的需求就是客户的现状与其期望之间的差距。见到客户，销售人员不要急于介绍产品，而是要通过一系列的问题找出“差距”，让客户帮你勾画出他自己想要的产品。而询问的重点应放在客户目前的状况、购买产品的目的、具体要求、大体的预算等。

销售人员最好先从一些浅显的问题开始，由浅入深，而客户也就会轻松应答、愉快接受。比如，销售空调的导购员就可以问客户“空调要安装在什么地方”“房间有多大”“对匹数和节能是否有要求”“想买什么价位的空调”“您理想中的空调是什么样的”等。获得了这些答案，也就可以知道自己的产品有没有符合客户的要求了，然后再有选择地进行产品推荐。

2. 倾听，听出客户的真实需求

与客户面谈时，仔细倾听客户传递出来的信息是非常重要的，因为客户的需求很可能就隐藏在他的话语中。如客户的提问、客户对问题的回答，都可能会传递出他的真实需求。而销售人员则要学会听出客户的需求。比如，客户一开始就问价格是多少，说明他对产品的价格十分在意，此时你就可以趁势询问他对价格的心理预期，从而掌握客户的购买预算。

3. 找出契合点，进行有针对性的介绍

世界上没有一种产品适合每一个人，销售人员的产品也不可能总是符合客户的期望和需求。退缩吗？不，销售人员要尽力去争取，千万不能就此放弃。

了解客户的需求之后，你可以找到客户需求与产品之间的契合点，然后扬长避短，进行有针对性的介绍，改变客户的观点或想法，让他喜欢上你的产品，才能激发客户的潜在需求。

有时候，客户根本不喜欢或根本没有意识到需要销售人员所销售的产品，此时，销售人员就要激发出客户的潜在需求，并将这些需求转化成显现的需求，才有销售成功的可能。

数据和权威能提高产品的可信度

“如果能用精确到小数点以后的两位数字说明问题，那就尽可能不要用整数；如果能用精确的数字说明情况，那最好不要用一个模模糊糊的大约数来应付别人。”这是一家公司员工手册上的内容。的确，销售员在向客户介绍产品的时候，精确、权威的数字说能显示出专业水平，从而会增加产品的可信度。

营销小插曲

销售人员：“我是××公司切割机客户服务部的××，我这里有您的资料记录，你们公司去年购买了××公司切割机，对吗？”

王经理：“哦，对呀！”

销售人员：“我给您打电话的目的是为了告诉您这个型号的机器已经不再生产了，以后的配件也比较昂贵，提醒您在使用时要尽量按照操作规程，您在使用时阅读过使用手册吗？”

王经理："没有呀，不会这样复杂吧？还要阅读使用手册？"

销售人员："其实，还是有必要的，实在没时间阅读当然也是可以的，但机器的寿命就会因使用不当而缩短。"

王经理："我们也没有指望用一辈子，但最近生意比较忙，切割机的任务也就多了一点儿，那如果坏了怎么办呢？"

销售人员："没有关系，我们还是会上门维修的，虽然要收取一定的费用，但比购买一台全新的机器便宜。"

王经理："对了，现在再买一台全新的切割机什么价格？"

销售人员："要看您选择什么型号的，您现在使用的是××公司W554，后续的升级的产品是V938，不过怎么选要看您每个月的切割机的使用频率。"

王经理："最近的量开始大起来了，我还怕以前的那台切割机受不住呢。"

销售人员："要是这样，我还真要建议您考虑用后续的型号了，它的承载量是前者的两倍。"

王经理："我加一下你的微信号吧，年底我可能考虑再买一台，也许就是后续产品。"

销售人员："我的电话号码是××××。我查看一下，对了，您是老客户，年底还有一些特殊的优惠，不知道您何时可以确定要购买，也许我可以将一些好的政策给您保留一下。"

王经理："什么优惠？"

销售人员："V938型号的渠道销售价格是10100元，如果作为W554的使用者购买的话，可以按照八折来处理，或者赠送一些您需要的外设，主要看您的具体需要。这样吧，您考虑一下，然后再联系我。"

王经理："稍等，这样我要计算一下，我在另外一个地方的厂房里要添加一台切割机。这样吧，基本上就确定了，是您送货还是我们去取？"

销售人员："都可以，如果您不方便，还是我们送过去吧，以前也去过，容易找到。您看送到哪里，什么时间比较好？"

后面的对话就是具体落实交货的地点、时间等事宜了。

这个销售员前后只不过花了30分钟的时间，就出色地完成了一笔交易，我们可以发现，这个销售员在和客户沟通、介绍产品的时候，自始至终没有离开过数字。从这个情境中，我们可以得知，在介绍产品的时候，一定要显示出自己的专业素质，尽量权威、精确地介绍产品的各个方面，越是精确、越是权威的数字，越能让客户感受到你的专业，也就越能获得客户的信任，现在，很多商家都意识到了这种方法的重要性，所以各大商家在广告宣传中也引用了精确的数据说明，例如一般情况下，日化公司某些产品的广告宣传：

××沐浴露："经过连续28天的使用，您的肌肤可以……"

××洗发水："连续7天，你便没有头屑的烦恼。"

××牙膏："只需要14天，你的牙齿就可以……"

金口才的秘密

和很多沟通技巧一样，使用精确的数据虽然具有十分积极的意义，但是如果使用不当，同样会造成极为不利的后果。为此，在运用精确数据说明问题的时候，销售人员需要注意以下一些事项：

1.数据的真实性和准确性

销售员运用精确的数字就是为了引起客户的重视和信任，但如果数字本身的可信度有问题，比如数字不准确或者虚假、夸张等，就会引起和客户之间的信任危机，因为一旦客户发现这些数据本身有问题，就会对销售员本身乃至整个公司的产品产生质疑，这无论对于销售者还是企业，都会产生无法估量的恶劣影响。因此，销售员在用数字证实的时候，可以从以下两方面入手：

（1）用影响力较大的人物或事件说明。当客户对销售员罗列出来的数字表示怀疑时，销售员可以列举一些众所皆知的明星人物或重大新闻加以说明。

例如："国内某大明星从很多年之前就一直使用我公司生产的洗发水，直到现在，该明星还与我公司保持良好的合作关系。"

"我公司生产的该产品曾在某次奥运会亮相全世界，在那次奥运会，该产品就销售了将近7万箱。"

（2）拿出权威机构的证实结果。一般来说，客户对权威认证的产品有一种本能上的信任，当客户对销售员罗列的书籍表示怀疑时，销售员如果拿出权威机构认证的结果就能有效解除客户的疑虑。

例如："我公司生产的该产品经过××协会的严格把关，又历经连续多年的调查分析后，××协会认为我公司生产的产品已经完全符合国家规定的标准……"

2. 仅仅罗列数据是不够的

在对客户推销产品的过程中，罗列出一些精准的数据，的确能说明产品过硬的质量，可是，如果销售员太过于注重对数据的使用，很容易使客户不知所云，更会使客户产生厌烦的感觉。因此，使用数据还要遵循一定的原则：

（1）合适的时机。销售员如果想使自己罗列出的数据更有说服力，就要学会挑选合适的时机。例如，当客户对产品质量表示疑惑的时候，销售员再用精准的数据表明产品过硬的质量。

（2）度的把握。在对客户推销产品的过程中，使用数据表明产品质量的时候要点到为止，千万不要过度使用。

（3）数据的更新。销售员需要注意，随着时间与环境的变化，相关数据也会发生一些改变。例如：产品的销售额与使用期限等。因此，销售员需要掌握最新的产品数据，争取为客户提供最新、最精确可靠的消息。

综上所述，如果一个销售员能够掌握以上这些对数据使用的原则，那么，销售员在推销产品的时候才能更加一帆风顺。

让客户在体验互动中接受产品

产品推介，不是销售人员一个人的“独角戏”。要想使产品快速获得客户的认同，最好的方法就是积极地和客户展开互动，而不是销售人员一直在说给客户听。

很多销售人员在介绍产品时总是滔滔不绝，说个没完，从不顾及客户的感受。因此，作为“听众”的客户也会以心不在焉来“回馈”，结果销售自然是失败的。

其实，销售人员要记住这一点：在销售中，客户更愿意参与到销售过程中来，而不是作为旁观者。而研究也表明：相比听到的、看到的，人们对亲身经历的事物印象更深刻、更容易接受。

营销小插曲

郭雅丽是一家办公家具商店的销售员，她做销售工作很是得心应手，最重要的是她在向客户推介产品的过程中，能和客户积极互动。

一天，一位先生进来后径直走到了桌椅区，指着一把椅子问道：“请问这把椅子多少钱？”

郭雅丽赶忙回答道：“680 元。”

“那这一种呢？”客户指着旁边的一把椅子问。

“这把 360 元。”

客户：“这两把椅子看起来差不多，为什么价格相差这么多呢？”

销售员：“您坐上去比较一下。”

客户分别在两把椅子上坐了片刻，然后又问："为什么这把贵的坐上去有点儿硬，而那把便宜的坐上去反而更舒服呢？"

郭雅丽微笑着对客户说："这把680元的椅子下面的弹簧数量多，开始坐上去感觉是有点儿硬，但它是完全依照人体力学原理设计，不容易出现变形，还能够矫正人的不良坐姿，防止人们因久坐出现的脊椎侧弯和腰肩酸痛，长时间坐在上面也不会感觉到疲倦和劳累。另外，您可以看一下它支撑靠背的支架，这一支架是纯钢材质，其韧度和寿命都是普通支架的两倍。即使再重的身体也不会把它压断，所以非常安全。"

说完这一大段话，郭雅丽稍微停顿了一下，又接着说："那把360元的椅子也不错，不过在使用寿命和对人体健康方面较这把还是有些差距。不知道您觉得哪一把更合适呢？"

稍加考虑之后，客户最终决定买下这把680元的椅子，虽然多花了300多元，可是他觉得为了自己健康，这完全是值得的，况且这把椅子还能多用好些年。

销售员通过让客户体验两把椅子的差别，进而解释两把椅子的不同之处，从而让客户心悦诚服地感到第二把椅子确实物有所值。

要打开客户的心门，不是仅靠简单演示和几句陈述就能够实现的，客户往往不会轻易接受别人的推销主张。而如果销售人员能让他们亲自参与其中，体验产品给自己带来的变化，感受产品所带来的切实利益，他们对产品的认识就会更深刻，就会产生一种强烈的占有欲。而这种参与也能给客户带来愉悦和满足感，进而让他们更容易接受你的产品。

金口才的秘密

销售人员在销售过程中，在条件允许的情况下，尽量让客户参与进来，并和客户进行积极的互动。那么销售员具体应该如何做呢？

1. 让客户参与到问答的互动中来

想让客户对产品有更深的了解并产生兴趣，销售员不妨将产品介绍的过程设置为有问有答的互动。例如，当你为一名女士介绍完一款塑身内衣的功能和优点外，你可以问她对内衣有哪些要求，有什么特殊的产品诉求，比如在颜色上有什么要求。再例如，你刚刚介绍完一款印刷产品的品质，可以问问客户，他对印刷的质量感觉如何，或者最喜欢的机器型号是哪一个。然后，稍作停顿转而介绍下一要点。这样做的原因在于：如果停顿太久容易使客户产生其他想法。例如，他或许会考虑往后拖拖，仔细考虑一下价格。

让客户参与问答及活动中来，可以让销售员比较好地掌握产品展示的场面和效果。而且，问句形式可以让销售员更好地引导客户，让其最终做出购买的决定。

2. 让客户亲身体验产品

只要有可能，就应当让客户自己来体验产品。在让客户体验产品时，应该告诉他体验可能的结果是什么，这样，客户才会将注意力集中到体验的正确方向上来，才能推进销售进程。

一旦客户对产品有了一些切身体会，他们就更容易联想起拥有产品之后的感受。所以，对于销售员来说，应该舍得让客户使用自己的产品，客户只有亲眼看到效果，亲自感受到产品的好处，才会考虑购买。

3. 销售员要表明自己的态度

销售员自己的态度也决定了客户对产品的态度。试想，如果一个销售员都对自己推销的产品不屑一顾，那么，客户怎么可能会对产品感兴趣呢？销售员要想取得理想的展示效果，在向客户展示产品时，就必须表现出十分欣赏并喜欢自己产品的态度。这给客户的感觉是，销售员对自己能成功地推销产品很有信心，因为产品本身就很值得推销。

4. 让客户回馈试用产品后的意见

在客户试用产品后，销售员一定要及时了解客户的反映，倾听客户的意见，适时对客户进行劝购。例如，在销售服装时，如果看到客户对某件衣服感兴趣，就可以顺势向其表达客户很适合这件服装，在客户试穿衣服时，销售员也可以顺势给予赞美。

另外销售员还可以适当地做一些与这件服装相关的介绍，增加客户对服装的了解。这样一来，客户不仅在视觉上接触到了产品，也通过听觉加深了对产品的认识和了解，从而增加其购买产品的机会。

第八章

会说巧妙话：挡住客户借口，留下生意活口

销售员在销售的过程中，并非是一帆风顺的，客户总是会以这样或者那样的借口拒绝我们的销售。只有当我们解决了客户的这些疑惑，帮客户把后顾之忧解除了，客户才会放心地购买。

应对“考虑考虑”的借口

当销售员花费大量时间与精力向自己的客户介绍完产品的时候，大多数客户都会用“我再考虑考虑”“我需要考虑一下，才决定是否购买”“我再想一想”等借口推脱。实际上，这些借口并非没有转折的余地。当然，这恐怕是销售人员最害怕碰到的借口了，那么，当客户以“我要考虑一下”为借口时，销售人员该如何应对呢？

营销小插曲

销售人员：“王总您好，我是××，××公司的。”

客户：“你好，有什么事情吗？”

销售人员：“是这样的，我昨天晚上看到一则新闻报道，说福建一带最近遭到台风袭击，所以特地给您打个电话问候一下，贵公司没有受到什么影响吧？”

客户：“还好，没什么大的影响，谢谢你的关心。”

销售人员：“那就好，不用谢！我听天气预报说这两天还有大风，这几天你们外出的时候一定要注意安全啊。”

客户：“好的！谢谢你。”

销售人员：“顺便问一下，上一次我们谈到的关于买保险的事情，大约会安排在什么时候进行呢？”

客户：“哦，这件事情，我们还没有定下来，还需要考虑一下。”

销售人员：“的确，认真考虑一下是必需的，这样比较保险。另外，王总，能请教您一个问题吗？”

客户："请讲。"

销售人员：请问您能告诉我您心里的顾虑吗？看我能不能帮得上您。"

客户："我对这个险种还有疑问，暂时还没有想好。"

销售人员："王总，您说的完全正确，我的有些客户买保险时也存在您这样的问题。这样吧，为了让您放心，我提供一些我们公司以前服务过的客户名单和电话给您，我相信他们能给您满意的答复。"

客户："好的，谢谢。"

销售人员："别客气，请问您旁边有纸和笔吗？您记一下好吗？"

客户："好的。"

销售人员："这样吧，您可以先和他们联系，我会在明天下午两点钟之前给您电话，听听您最后的决定，好吗？"

客户："好的。"

客户听完销售员对产品的介绍后，表示想要考虑一下，或者要求销售员下次再来。这时，销售员该怎么办呢？销售员可以对客户说："那么，请您用心考虑一下吧！我将在这里恭候您思考后的决定。"顺便提醒他，自己随时等候回应他提出的所有疑问，一直等到他做出决定。

金口才的秘密

俗话说："趁热打铁。"销售员向客户推销产品或服务的时候也需要这么做。如果客户说"我需要考虑一下"，销售员应该想什么办法去化解接下来可能出现的拒绝借口呢？

1. 紧追不放

销售员小李的一个案例能够说明这一点：

销售员小李说："王女士，请问您喜欢我为您专门设计的这份保险方案吗？"

王女士犹豫了一下，还是说道："我也说不清楚是否喜欢。"

小李继续说："如果您喜欢我为您制订的这份计划，那么，现在的我就有责任帮助您填妥这份投保书，并让这份计划立即生效。如果您对这个计划还有不满意的地方，那么，我就立即离开，不会再来打扰您。不过，我还是希望您考虑一下这份计划，我就在这儿等着您的答复。"

王女士随后又向他提出一些问题，小李都一一回答，最终，王女士答应投保。

小李就是用紧追不放的方式最终销售成功。

2. 巧用问句促使购买

当销售员向客户介绍完产品的功用后，看到客户也有些感兴趣，可是客户总会说"再考虑考虑"，这个时候，销售员最好这么问："这位先生，你说再考虑一下，我没有意见，不过，我看到您的确对这份产品很感兴趣，对吗？"之后，销售员一定要给客户留足反应时间，因为你接下的话就要根据他们的反应做出相应的回应。一般来说，客户会说："你说得对，我的确有些感兴趣，所以，我会认真考虑的。"

3. 化解客户心中的"结"

销售员如果想要使客户心中的"结"化解掉，最好是向其提供以往曾服务过的客户名单及电话，让客户亲自对培训的效果等问题做出一番调查，这样一来，他们的疑虑自然就打消了。紧接着，客户才能放心购买你的产品。

应对"我想到别家再看看"的借口

俗话说："货比三家不吃亏"，任何一个客户都知道这个道理。因此，他们在挑选产品的时候总是希望有更多的余地。而正是因为这一心理因素的存在给销售人员带来很多困扰。无论怎么给客户介绍产品，客户总是一副可买可不买的态度，然后对销售员说："我想再去别家看看。"客户之所以会有这样的态度，无非有两个可能，一方面是因为你推荐的产品品种实在无法满足客户的挑选要求，但大多数情况下，则是因为客户这种"货比三家不吃亏"的心理在起作用。对此，导购员想要留住客户，就需要掌握一定的沟通方法，以独特的卖点吸引客户。

营销小插曲

业务员："先生，既然您说要和别家公司对比，说明您很看重这份售后保障，所以要做到货比三家对吗？"

客户："对。"

业务员："那我给您介绍的产品您觉得我给您讲清楚了吗？"

客户："清楚了。"

业务员："您觉得好吗？"

客户："还不错（挺好或者还可以）。"

业务员："其实我非常乐意您能把我的产品及服务和别的公司来对比，冒昧问一句，您觉得您要和别的公司对比的话，主要想对比哪些方面呢？"

客户：（可能说可能不说）

业务员："您觉得重要的是收益？公司实力？售后保障？服务？还是其他什么呢？"

客户："是收益（售后保障或者其他）。"

业务员："您现在找了哪家公司的产品进行对比了呢？"

客户："××公司。"

业务员："那这家公司业务员给您讲清楚了吗？"

客户："没有。"

业务员："这样吧，我们一起来研究一下好吗？"

针对以上案例，碰到这种客户时首先要对他的要求表示理解。

比如说，某客户需要买一台笔记本电脑，以便生意上的沟通能够更方便、更快捷。他听了销售人员的介绍后，说想再到别家问问。

在这种情况下，就应该设法让客户说出他真正反对的理由。此时销售人员可以用下面的办法。

销售人员："先生，很多客户在购买我们的笔记本电脑之前，想再到别家比较比较。我肯定您也一样，想以手头现有的钱买到最好的笔记本电脑还有最好的售后服务，对吗？"

客户："那当然是肯定的啦。"

销售人员："您可不可以告诉我，您想比较哪一方面呢？"

客户："……"（这时他说的第一句和第二句话，应该都是真正的反对理由。除非他只是想摆脱你）

销售人员："在您跟别家公司作完这些方面（一个个说出来）的比较之后，发现我们的最好，我想您一定会回来跟我购买的，对吗，先生？"（好了，这会儿是让客户说出打算的时候了）

"不好意思，我只是想先了解一下，我还想到别家再看看。"

"既然您对这种产品的效用有点儿疑虑，那么我现在就给您比出效果来。您看，这是 50 元的，我们现在来跟这 100 元的比一下（做演示），您看这效果是明显的不一样。如果您还是不相信的话，也可以再到别家问问，反正我们的产品不怕试，也不怕比。即使您到别家去，我相信您还是会再来的。"

在这里，销售人员就是向客户摆出一种高姿态：我们公司的东西不论从质量，还是价钱方面都是最棒的，您随便到哪家问、哪家比，最终还是会回来购买的。在实际的推销中这种方法是比较有效的，客户一听推销员这样说，很可能就不会再犹豫了。

金口才的秘密

针对这种情况，具体来说，我们该怎么应对呢？

1. 先稳住客户

当客户说："我想再去别家看看。"我们就要明白，这只不过是客户的一种托词而已，你不要认为客户还会再回来光临你，因此要做的就是先稳住客户，不要让客户流失。

而要想留住客户，就要和案例中的销售员一样用产品其他方面的卖点吸引住客户，进而转移话题，比如，你可以告诉客户："我们店里的产品在进货时都是经过精心挑选的，虽然种类不多，但都是经过精心挑选，款式经典又畅销的产品。"但是需要注意的是导购员所说的话一定要与事实相符，如果店里的产品并非如此，导购员却硬是这样说，那么丢掉的可能就不仅是客户，还有店铺的信誉。

2. 服务至上，让客户满意

现代社会，随着竞争的日益激烈，在产品质量与功能大同小异的基础上，人们在购买时也逐步带有情感因素，更关注的是销售方的服务态度，谁的服务好，就购买谁的产品。可见，销售员做好服务也是赢取客户非常关键的一环。如果照顾得不周到很有可能让客户感觉受到冷落，从而影响到成交量。

3. 用特色跑赢对手

在追求时尚与个性的今天，人们也越来越注重产品的个性化。我们在购物的时候也会不经意地发现那些面积小但却很有特色的店面。例如专门经营民族服饰的店铺、专门经营水晶饰品的店铺等，这些店铺虽然看起来不大，却往往内有乾坤。而如果这些店铺的导购不善言辞，客户还是会觉得产品种类不足，故而去别家看看。

所以，作为销售员，当客户说想去别家看看时，如果想留住客户，就要让客户感受到产品的特别之处，或者具有某种特殊的含义，让客户改变原有观点，以特色勾起客户的兴趣和购买欲望，实现销售目的。

应对“我很忙，下次再买”的借口

有时候，销售人员上门推销产品，客户会很不耐烦地说“对不起，我很忙”“我现在没时间”“我没空”“我实在抽不开身，真的对不起”……遇到这种说辞时，很显然，销售人员遇到了客户的拒绝借口。

那么，销售人员该如何与客户继续交流下去呢？顶级销售人员会礼貌而恰当地说：“我理解，我也老是时间不够用。不过只要 3 分钟，您就会相信，这是个对您绝对重要的议题……”他们或者会说：“先生，美国富豪洛克菲勒说过，每个月花一天时间在钱上好好盘算，要比整整 30 天都工作来得重要。而我们只要花 25 分钟的时间！麻烦您定个日子，选个您方便的时间。我星期一和星期二都会在贵公司附近，所以可以在星期一上午或者星期二下午来拜访您一下。”

那么，当客户以“对不起，我很忙”为借口时，销售人员该如何恰到好处地应对呢？

营销小插曲

有一位销售人员敲开一户人家的门，要推销产品。

客户：“我现在比较忙，哪有时间谈这个啊？”

当客户这么说的时候，这位销售人员仍然“坚持到底”，不肯罢休。

客户：“我现在真的没空，孩子上学马上要迟到了，我正忙着烧饭，请你改天再来吧！”

当客户说到这时，这位销售人员还不识趣，还是“坚持到底”，一点儿也不放松，根本不知道明智而适时地离开。结果，当然是生意没成又惹人讨厌。

可见，当客户忙碌时，销售人员一定不要“坚持到底”，要学会明智而适时地离开。

金口才的秘密

当客户用“对不起，我很忙”的借口拒绝销售人员时，销售人员一定要迅速而准确地看出客户究竟是“真忙”还是“假忙”。如果对方是“真忙”，应该采取下列两种方法应对：

1. 约定时间洽谈

“看您工作这么繁忙，打扰您还真是不好意思。这样吧，我就耽搁您5分钟，请您抽出5分钟的时间听我说几句话，好不好？说完我立即就走。”

真正忙碌的客户，如果你事先和他约好“5分钟”，他可能愿意抽出5分钟的时间听你说话。否则“这个人不知道要跟我啰唆多久”的心理，将使得他犹豫不决。

2. 适时离开

当客户推辞的时候，销售人员宁可先说：“打扰您真抱歉，那我就改天再来拜访了。”而不要等客户说“我说不要就是不要”之后才离开。

重要的是，你已经说过“改天再来”，这不仅告诉你自己，更告诉了对方：不久之后，你会再次登门拜访的。同时，千万要记住，离开时的态度要好，不要令对方感到厌恶。

通常情况下，能以“改天再来”应对的客户，通常有以下两种类型：

（1）具有灵敏的感觉，能站到对方立场上思考问题，此外还很有礼貌。这类客户表面看上去温文尔雅，容易说话，然而，实际上销售员想要说服他们购买产品需要花费相当大的工夫。当双方进行了简单的交流后，倘若对方仍然坚持“我现在有事，请你改天再来”的意愿，那么，销售人员就要对自己推销的语言做出一些改变了。

“很抱歉这次对您冒昧的打扰，那么，当您有空的时候，我再来拜访您吧！”

其实，销售员在首次拜访客户的时候，“吃闭门羹”是极为常见的事情。所以，如果销售员想要继续从事这份工作，最好是对其进行再一次的拜访，不过，如果第二次的拜访结果还是不理想的话，那么，还是趁早放弃这单生意吧。

（2）优柔寡断，无法给予对方明确的答复。如果销售员遇上这种类型的客户，当客户表示拒绝的时候，销售员最好诚恳地接受客户的意见：“也对，你的话说得很对，如今物价疯涨，买东西要思考一下也是应当的。”

只是，如果客户一时间不能给予销售员明确答复的时候，销售员紧接着就说：“不过……”“可是……”这样的辩驳之语，很可能就做不成生意了。遇上此类客户，有一定经验的销售员就会说：“是应该考虑一下，毕竟一台空调需要几千元，再怎么样也不能随便购买。不过，据国家有关部门统计，我们这个市区安装空调的比例大概为85%，这是一个十分惊人的数字呢！”

其实，当客户听到“85%”这一数字的时候，不经意间就让他产生自己家竟然沦落为那15%没安空调的家庭里面的概念，从而使客户有了购买空调的欲望。

总之，当销售员向客户推销产品的时候，一定要具体情况具体分析，或者“坚持不懈”，或者“在合适的时候表示分别之意”。当然，销售员也可以在告辞之前，交给客户一本简单的产品说明书，然后几天之后再次登门拜访。

应对“回家跟我老婆商量”的借口

在一个家庭中，不管大小事情，夫妻之间都会用心商议，这体现出夫妻之间的互相敬重。在推销过程中，销售员费尽唇舌终于说动客户的时候，倘若客户提议回家找另一半商议后再决定是否购买产品的时候，这对于销售员而言，无疑是沮丧的。那么，销售员在销售产品的过程中如何应对“回家跟我老婆商量”这样的借口呢？

营销小插曲

某男士因为结婚纪念日要为妻子购买一枚戒指，这天，他来到某珠宝专柜看上了一枚镶钻的戒指，但最后，他却说：“我怕我妻子不喜欢，我还是回去和她商量一下吧。”

销售员：“是的，您有这种想法我可以理解，毕竟一枚钻戒也不是小数目，想与妻子商量一下也是正常的。但先生，您知道吗？其实，作为妻子，如果自己的丈夫能记住结婚纪念日，并在当日给她一个惊喜，那么，她一定很高兴。而如果您与妻子商量的话，这种神秘感也就消失了。而且，今天刚好是我们十年店庆，会有返利活动，满 1000 就减 100。这个活动仅限今天一天。而且，您也看到了，我们这里的钻戒都只有一款，销量很好。这样好吗，我现在暂时给您保留起来，不过我真的无法保证下午之前这枚钻戒……所以，我真的希望您不要错过这枚钻戒……”

客户：“我看我还是先买了吧，万一下午过来的时候其他客户买走了，那不就可惜了。”

案例中，这名销售员之所以能最终说服客户购买，是因为她既保持了良好的态度，又对客户适当施压。如果客户现在不购买，执意要回去与妻子商量的话，不仅会失去给妻子惊喜的机会，还可能会导致他中意的戒指被其他客户买走，而同时他也会错过店庆返利的优惠。综合考虑之下，客户自然会暂时放下与妻子商量的想法，选择购买。

金口才的秘密

面对这种情况，销售员应该这样处理：

1. 认同客户顾虑的合理性

和案例中销售员一样，如果我们能认同客户的顾虑表达同理心，会让客户觉得你是在为他考虑，就能争取到客户的心理支持，继而会拉近和客户间的距离。这样，即使客户认为需要和家人商量，你也可以暂时把客户留住，从而为接下来的说服工作奠定基础。

2. 帮客户认识到不与家人商量的好处

案例中的销售员是聪明的，当客户认为需要和妻子商量时，他却从惊喜这个角度让客户认识到与其与妻子商量，还不如给妻子一个惊喜。

让客户认识到不与家人商量的好处，我们可以挖掘产品背后的意义，可以恭维一下客户。比如，你可以说："其实，这不仅仅是一件产品，而是一种心意，是一种爱，不管它怎样，只要是你买的，你老公都会喜欢的。再说啦，如果他真有什么不满的地方，只要不影响再次销售，我们特别允许您在三天内都可以拿回来调换，您看这样成吗？"

3. 对客户施以适当的压力，帮客户做决定

客户迟迟无法下定决心购买，销售员千万不要认为等待可以得到结果，因为客户权衡不出答案也许就此放弃购买也说不定。所以很多时候客户下决定都需要销售员的参与，这就需要销售员主动出击，对客户适当施加压力，甚至帮助客户做决定，这一招通常都很奏效。你可以这样说："我这里的这种产品已经剩下最后一批了，而下次什么时候还能拿到这种货就说不定了"，或者说"这种产品现在特别缺货，我们公司已经不生产了"等，如果客户确实满意产品，一般来说，他们会立即做出购买决定。

另外，我们还可以掌握一些快速成交的方法。

（1）适当赞美客户，鼓励客户尽快成交。如："您的眼光真好，您老公一定会喜欢的。"

（2）从众成交法，用人们的从众心理来刺激客户购买。如："现在的小女孩都喜欢这样的款式，我相信您的女儿一定会喜欢的。"

当然，运用这一方法不可急功近利，要给客户考虑的空间，适当的时候也要退后一步，否则很容易引起客户反感。

应对"这个产品不太好"的借口

任何客户在购买产品的时候都希望产品能物美价廉且趋于完美。但作为销售人员，我们都清楚，没有任何一件产品是完美的。而正是因为这样导致了很多客户在购买产品的时候对产品百般挑剔，甚至对产品的功效直接否定："这件衣服的做工也太差了吧，这样的衣服你们也敢挂出来卖？！""这冰箱怎么制冷效果这么差啊？"面对这种情况，一些销售新手会变得紧张，很多经验尚浅的销售员会变得支支吾吾、语无伦次，并做出客户已经拒绝购买的判断。其实没必要慌张，要耐心向客户解释，打消其心中的疑虑。

营销小插曲

一位小姐来到某化妆品专柜购买化妆品。

客户：“我可以试用一下这款眼影吗？”

销售员拿出试用装：“好的，您试试吧！”

客户边试用边说：“这眼影怎么感觉就像次品啊？”

销售员：“谢谢您的建议，我们在生产技术上一定会尽力提高的。您能否对我们的产品提些具体的建议，比如，哪些方面不够档次呢？”

客户：“它的颜色不均匀。”

销售员说：“好的，谢谢您，那么，您觉得这款眼影还有其他的问题吗？”

客户：“这个，我还是觉得颜色不太好啊。”说此话时，客户的眼睛从没离开过产品，并且流露出喜欢的目光。

销售员：“小姐，实不相瞒，您看上的这款眼影现在就剩下一套了，厂家也不会生产了，如果不及时购买的话，恐怕就买不到了。”

客户：“这倒是，那既然是最后一款，你们能不能给我打个折？”

销售员：“这请您放心，凡是购买我们产品的都有八折优惠。”

最终，这位客户购买了这款眼影。

这则案例中，我们可以看出这位客户是精明的，看上了产品却并没有表现出来，相反，她却称产品不够档次，像次品。其实，她挑剔产品无非是希望销售人员能在价格上对其做一些让步。正是看出客户对产品的喜爱，销售员首先肯定客户所谓的“意见”，然后引导客户说出具体的不够档次的表现，但实际上，销售员并没有直接回答客户的这些问题，而是抓住客户想购买的心理，以限量生产的回答来激发客户的购买欲。而最后，客户终于说出自己的真实意图，而很明显，她的顾虑是多余的。

金口才的秘密

面对客户否定产品的功效时，我们应该怎样处理呢？

1. 保持良好的服务态度，不要试图与客户争辩

不管客户出于什么目的而否定产品，我们都不能与之争辩。因为争辩解决不了任何问题，争论的结果十之八九会使双方比以前更相信自己是正确的。要是争辩输了，当然你就输了；如果赢了，你还是输了。因为客户已经丢了面子，不会再向你买东西了。无论争辩什么，你都得不到任何好处。当客户直接否定产品功效时，我们一定要先认同客户，安抚好客户的情绪。以友好的态度来对待客户，营造出一种公平、愉快的氛围，让客户感觉到自己的感受受到了重视，此时，他就会愿意与销售员沟通，从而可能有更多的机会购买产品。

当然，避免发生争执并不是说应该忍气吞声地放弃原则和利益，迁就客户的无理要求，事实上也根本用不着这样。

2. 辨析客户的真假异议

很多时候，客户说我们的产品功效差并不是真的异议，而是希望得到优惠和降价或者为了达到其他目的，此时，如果我们不能辨别出客户的真假异议，就会在与客户沟通的时候南辕北辙，达不到真正的沟通效果。当然，这需要销售员运用敏锐的观察力发现客户的刁难并非真实的异议。通过对客户言行举止进行认真观察来加深对客户的认识并把握交流方向，是很多优秀的销售员经常使用的一种方法。

另外，积极地询问也是找出客户刁难我们的真实原因的一大良方，多问一些为什么，让客户自己说出原因。这样有助于我们更好地做出判断。

3. 产品本身的确存在问题时，要尽力为客户解决

当然，客户否定我们的产品功效也可能的确是产品本身存在问题。此时，客户虽然指出了产品的确存在的某种劣势，我们也不要就让思绪跟着客户走，而应该继续强调产品的优势，并要学会扬长避短地回应客户。例如，“太太，的确，我们的这款洗衣机操作起来是有点复杂，但正是因为这样，它有着很多其他洗衣机所没有的功能。”如果由于你的疏忽，推荐给客户的产品正好是存在瑕疵的产品，那么你要先向客户道歉，然后再拿一款完好的产品给客户重新试用。

总之，无论客户对产品存在什么样的顾虑，我们都要加以重视，灵活应对，摸清客户的真实意图并为客户提供周到的服务！

应对“你这牌子不太好”的借口

当今社会，随着人们生活水平的提高和商品选择的多样性，人们的品牌意识越来越强，对品牌的热衷度越来越高，尤其是年轻的消费群体更是将品牌定义为时尚和品位的表现。更有甚者，非品牌不购买。正因为如此，对于那些非品牌的商家，销售难度无疑就会加大。我们经常会发现，任凭销售人员怎么介绍产品的优点，怎么劝客户购买，客户还是会产生疑问：“我一向只买品牌产品，这种杂牌的产品没有保障，我可不敢买。”这类客户常使得销售员陷入尴尬。面对客户这种对品牌盲从的心理，有些经验尚浅的销售员会显得局促不安，并认为已经没有回旋的余地，只能放弃销售。而实际上，客户信任品牌是因为品牌能带给客户一种安全感，所以，如果我们能够运用技巧消除客户疑虑，继而选择购买产品，也并非不可能。

营销小插曲

一天，一位小姐来到某商场内衣销售区。

销售员：“小姐，您想购买内衣吗？进来看看，款式多着呢！”

客户：“这款挺漂亮的，是什么牌子的？”

销售员：“小姐真有眼光，这是我们昨天刚进的货，是××牌的，它的透气性很好，最近我们这款产品卖得很火。”

客户：“我没听说过这个牌子。”

销售员：“是的，可能您没听过这个牌子，这是因为我们的宣传力度还不够，真谢谢小姐您的提醒。实际上，我们这牌子已经上市七八年了。全国大中城市都有我们的专卖店。不过本市只有我们一家。小姐肯定知道奥斯兰黛这个品牌吧，这两年我们努力的目标就是要成为和奥斯兰黛一样知名的品牌。”

客户：“真是这样吗？”

销售员：“是的，我们品牌的设计理念就是要让每一位穿戴它的女性感觉轻松舒服，起到保护身体的作用。毕竟，产品质量如何也直接关系到我们的销售量和信誉度，把产品做好是任何一个品牌形成的最根本原因。”

客户：“这话倒不假。”

销售员：“您手上拿的只是其中一款，您看看这边的款式，这边还有一些设计新颖的款式……”

案例中，我们发现，这位销售员是聪明的，当客户提出“没听说过这个牌子”时，他并没有直接否认客户的观点，诸如这样回答：“怎么会没听说过呢，我们可是全国知名品牌。”“这个品牌推出好几年了，在这一行业很出名的。”因为这种解释未免显得很空洞无力，毫无说服力。他也没有直接承认客户的观点：“我们这牌子现在正在多家媒体上打广告。”“不瞒您说这是个新牌子，刚刚上市。”因为这些回答无疑是验证了客户的顾虑。这里，他先给自己的品牌找了个不为客户知道的理由——“我们的宣传力度不够”，然后他再把品牌的目标和发展趋势告知客户，最后，他再将产品的主要优势介绍给客户，进行一系列的分析后，客户才打消了对这一陌生品牌的疑虑。

金口才的秘密

针对客户只认牌子不认产品的情况，销售员该说些什么打消客户的这种想法呢？

1. 劝客户试用，让产品效果说话

客户不相信非品牌的产品是因为更相信品牌能带给他们安全感。为此，让客户肯定你的产品，最有力的方法就是让客户亲身体验，当客户接受了这个新产品，让产品效果说话，客户也就会接受这个品牌。

2. 将产品与客户信任的品牌进行对比

我们可以这样向客户提问："那么，您觉得哪个牌子的产品好呢？"当客户回答后，我们首先要认同客户的观点，然后再将自己品牌的产品和名牌产品进行比较。如果二者相同，则强调自己产品的优势，如果产品不一样，则强调产品的特性。

3. 出示关于产品的最有利的证据

有些时候如果我们的产品无法让客户试用或者为客户演示，不妨向客户提供关于公司品牌的一些具有说服力的资料，或是承诺质量保证，或是证明公司优秀的经营管理和较强的进货能力，还可以向其介绍一些品牌的销售状况和品牌的发展前景等。

总之，客户如果只认品牌不认产品，我们就要从产品质量方面给予保证，并强调产品的优势不仅在于产品本身，而且在价格方面也会让客户感觉物超所值。同时，可以适时引导客户体验产品，让其体验产品为其带来的好处，使客户自然而然选择购买自己认可品牌的产品。

第九章

会看人说话：认清对象说对话，对症下药好推销

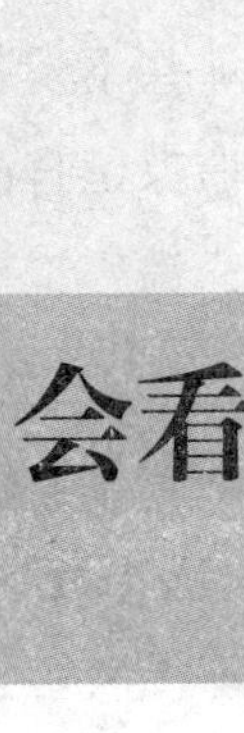

俗话说："十个指头有长短，树木林莽有高低。"而人一旦多了，就会良莠不齐，形形色色的人都会有。对于销售员来说，其所面对的客户也是形形色色的：有些客户对是否购买产品犹豫不决；有些客户不了解产品性能，却固执己见；有些客户性格急躁，爱找麻烦；有些客户疑神疑鬼，喜欢争辩等。总之，不管销售人员如何述说，客户总是表现出不信任的态度。本章主要就是针对这一类型的客户，教会销售员相应的推销技巧。

沉默型客户，循循善诱

很多销售经验告诉我们，与难缠异议不断的客户相比，跟那些不爱言语的客户打交道更难。这类客户无论对商品是否满意，总是习惯保留自己的意见。而客户不开口，我们就无法了解到他内心的真实想法，销售工作也就无法展开。

但精明的销售员，无论客户怎么不善言谈，怎么保留自己的意见，他们总是能找到突破口打开客户的口，从而挖掘出有利于销售的信息。当然，想要让不言不语的客户开口并且说出自己的需求，那么销售员不仅需要掌握专业知识，还需要具备良好的沟通技巧。只有从寡言的客户那里得到足够有效的信息，才能获得销售的成功。

营销小插曲

一个看上去大约12岁的男孩走进一家工艺品商店，在一个漂亮的八音盒面前停了下来，看了又看。

销售员：“欢迎光临，你想买点什么啊？”

客户：“……”

销售员：“喜欢这个八音盒吗？”

客户：“恩，喜欢。”

销售员：“喜欢就买回去吧。”

客户：“……”（走到另一件工艺品面前驻足）

销售员：“你想选哪一个？”

客户：“……”（在工艺品店里走了一圈）

销售员："您喜欢哪一件呢？我们这里可以免费包装。"

客户："这个八音盒可以打开看吗？"

销售员："当然可以，里面是一朵康乃馨，而且有好几首动听的音乐。它的外壳是金属镀金的，里面是红色丝绒的，放在客厅里很漂亮。"

客户："……"（离开了工艺品店）

销售员："欢迎下次光临。"

因为不善于观察，一些销售员常常无意间忽略了寡言型的客户，特别是在客户比较多的时候，销售员容易将这类客户当作毫无购买意向的过客。其实在很多时候，这类客户中恰恰有不少真正想购买产品的人。如果销售员不懂得通过观察这些人的购买动向，就很容易让这些客户白白流失掉。针对以上情景，销售员可以参考以下做法：

销售员："喜欢就买回去吧。"

客户："……"（走到另一件工艺品面前驻足）

销售员："这个也很漂亮。你想选一个做礼物，对吗？"

客户："恩。"

销售员："想送给谁呢？"

客户："想送给妈妈。"

销售员："是吗？这么小年纪就懂得孝顺父母了，真是好孩子啊。你刚才看的那个八音盒就很适合啊。你看，它打开之后是一朵美丽的康乃馨。如果你送给妈妈她一定非常喜欢。而且我还可以免费给你做一个漂亮的包装，你看好吗？"

客户："真的适合吗？"

销售员："这里你还有更加喜欢的工艺品吗？没关系，你选择任何一个我们都可以免费给你做漂亮的包装。"

客户："我还是喜欢那个水晶和平鸽。"

销售员："那个也很漂亮，那么我们就把那只小鸽子包起来好吗？"

客户："恩。"

作为一名销售员，首先要具备良好的观察能力和思考能力，能够结合客户的言谈举止，为客户做出大致定位，特别对于寡言型的客户，销售员更要善于通过其穿着、行为、目光等判断其大致的购买意向。只要能够发觉客户的关注点，并展开话题，就能制造销售机会，进而获得销售成功。

金口才的秘密

现实销售中，我们经常会遇到这样的客户，无论销售员说什么，他似乎总是把自己和销售员隔离开来，对销售员的热情视而不见，无论何时总是保持沉默，让销售员找不到交谈的突破口，更别说销售机会了。

因此，如何打开这些不言不语的客户的口就成了很多销售员必须研究的问题。那么，想要从寡言的客户那里获得足够的信息，作为销售员应该如何做呢？

1. 始终保持热情诚恳的态度

销售员的热情就像一团火，无论内心如何冷淡的客户都会被销售员的热情感染。从事销售行业，热情就是销售员获取成功的法宝。

因此，在与这类不言不语的客户交谈时，销售员要始终保持语言、神情和目光的真诚，并始终保持微笑。当你从始至终地与其热情真诚地交谈后，就一定能在客户的心里留下好的印象，不论谈话是否取得实质性的改变，对以后的销售工作都会有所帮助。

2. 善于观察，了解客户的关注点

那些不言不语的客户的内心世界多半不能从言语上得知，因此，我们不仅嘴上要会说，还要会看、会听、会想，要有足够的耐心、信心、决心拿下这样的客户，要善于通过客户的言谈举止甚至是一个眼神来捕捉客户的心理并加以分析，掌握客户的购买心理，也就掌握了成功销售的砝码。

3. 努力引导客户开口

无论多么优秀聪明的销售员在与客户沟通的时候，只凭举止、眼神、表情等方面获取其购买商品的相关信息往往还是不够直观，甚至会得出错误的分析结果，出现判断错误的尴尬情况。所以，作为销售员不仅要善于观察，还要善于调动客户的积极性，帮客户打开“话匣子”，让客户主动开口说话。当然，鼓励客户开口还是需要销售员具备良好的沟通能力，热情真诚地与客户沟通，并极力营造一个轻松的谈话氛围，让客户觉得是在和自己的老朋友交谈。

总之，当在销售中遇到那些一言不发、表情冷漠的客户时，我们不仅需要观察客户，通过非语言形式了解客户的内心，更要特别注重与客户的沟通。借助提问或者拉近心理关系的方式想办法将客户引导到沟通活动中去，做到充分了解客户，一旦客户被激发起了谈话的热情，愿意参与到谈话中来，那么销售员展开销售工作就比较容易了。

犹豫型客户，消除疑虑

在购买产品时客户犹豫不决是常有的事。对产品有疑虑、不放心，是造成产品成交困难的一个重要原因。对于那些犹豫不决的客户，销售员如果不能正确地处理和解决，不仅白白浪费了口舌，而且还可能因此流失客户。客户之所以犹豫不决，通常是因为产品满足了他的部分需求，或者是客户对产品比较认可，但对个别之处不满意，所以才会拿不定主意、左右权衡。这种情况看似销售员很被动，但其实是绝好的销售机会，因为客户对你的产品已经有了认可，你只需对其进行有效的引导，便可实现成交。

营销小插曲

一位女客户走进一家服装店，拿着一件上衣左看右看。店中销售员见状便迎了过去。

销售员："这款上衣看起来和您很配，无论是颜色还是款式，都非常适合您。"

客户："真的吗？我也觉得这个挺适合我的，不过……"

销售员："真的非常适合您，您就不用再考虑了。"

客户："可是这件上衣颜色太浅，穿一天就会脏。"

销售员："浅色的衣服夏天穿起来清爽。"

客户："我还是再考虑一下吧。"

销售员："那好吧。"（开始收衣服）

面对犹豫不决的客户，有一些销售员在不知不觉中就放弃了销售机会，不积极寻找客户犹豫不决的真正原因，更不知道如何吸引客户，这样怎么能取得销售的成功呢？销售员只是通过一味地强调产品的优点，企图打动正处在犹豫不决中的客户，这种沟通方式的成功概率很低，没有实质性地解决客户内心存在的疑问，所以，即便是做出再多的努力也无济于事。对于以上的情景，销售员可以参考以下做法：

销售员："其实这件衣服真的非常适合您。而且我也看得出来您特别喜欢这件衣服。不知道您还有什么疑虑，可否说出来让我给您分析一下？"

客户："这件上衣颜色太浅，比较容易脏。"

销售员："这个可以理解，不过浅颜色的夏装穿起来很清爽，而且会把人衬托得非常有活力。我看您对这件衣服也比较满意，能在第一眼就看上一件衣服也不容易呀。"

客户："嗯，款式、面料我还算满意，就是我不太喜欢浅颜色。"

销售员："其实夏天的衣服通常是穿两天就洗的，所以颜色浅也不用担心容易脏。还有呀，浅颜色的衣服打扮人，穿起来给人感觉特别靓。您可以先试一下看看效果。"

客户："好，我先试一下吧。"

客户试穿衣服在照镜子的过程中，销售员又说：

“您看，这件衣服是不是更能提升您的气质，而且我们的这款上衣数量比较少，就是专门留给那些符合这款衣服气质的女士的，很少会有撞衫的可能。”

客户：“这样呀，那好，就买这件吧。”

当客户对产品表示出犹豫不决时，销售员需要做的不是一味地强调产品对客户的适用度，而是要抓住客户的疑虑点，进行引导说服。如果客户的疑虑较难消除，销售员可以采取取长补短的方法，向客户展示有利于销售的方面，从而弱化客户的疑虑点，达成销售目的。

金口才的秘密

销售员在实际的销售中要重视犹豫的客户，因为这些客户往往都有需求，只要消除他们的疑虑，一般都能达成交易。那么，销售员怎么做，才能让犹豫不决的客户下定决心购买呢？

1. 询问原因，对症下药

要想坚定犹豫不决的客户的购买决心，就要想办法知道他为什么会犹豫。因此，销售员要在沟通中尽量引导客户说出其犹豫的原因，如果客户说：“我再想一想，觉得还是……”这时，销售员可以客气地向其问道：“您能否说出您的疑虑，看看有什么我能够帮您解决的吗？”这样，客户碍于面子，多少也会透露一些疑虑的原因。

客户：“我还是再考虑考虑吧。”

销售员：“您能否说出您的疑虑，看看有什么我能够帮您解决的吗？”

客户：“嗯……我觉得买了车会不会比不买还麻烦。”

销售员：“原来如此，您是想说买了车之后要交车税，又要付每月的燃料费、管理费……似乎买了一辆车之后比买之前的麻烦更多了，对吗？”

客户：“嗯，这也是我一直犹豫的原因。”

销售员：“您应该这样想，假如您有了能够购买一辆车的经济能力，而且在生活和工作中也确实需要它，就因为购车以后可能会遇到的各种复杂的问题，而放弃购买的念头吗？这样一来，情况又是怎样的呢？您平时上班选择哪种交通工具呢？如果您工作单位很远，坐公交车和出租车同样需要支付费用。如果您买了汽车，不仅方便而且能大大节约您的时间。更何况您喜欢的这款汽车正在我们的优惠期，如果现在不买，以后就会恢复原价。希望您仔细考虑一下。”

销售员只有知道了客户为什么会犹豫，针对客户犹豫的原因找到相应的解决办法，才会坚定客户的购买决心。

2. 激发客户的从众心理，提高成交量

有这样一个故事，可以很好地说明从众心理的作用：

在街头，排起了长长的一队。后面来的人看到如此，也不知不觉地排了上去。

突然，一个人问他前面的人：“排这么长的队，究竟是做什么？”

前面的人回答说：“不知道！”

于是，前面的人又同样问自己前面的人，得到的答案同样是“不知道”。

这样，排队的人便一个一个往前面问。第一个人正在聚精会神地看蚂蚁搬家，被打扰后对身后的人说：“我在看蚂蚁搬家呢？你在后面做什么？”

此时，大家才知道排队是为了什么。

生活中的从众心理当然也完全可以运用到销售中来。比如：

一位销售员在向一家公司销售办公文具时，看到对方迟迟不肯签单，就说：“贵公司旁边的政府大楼使用的就是我们公司的产品。他们最初只是购买了部分产品。后来，他们觉得我们公司的产品非常可靠，又相继购买了一些产品。到现在，他们与我们公司已经建立了五年的长期合作关系。只要他们有这方面的需要，都会与我们公司联系，我们也会以最快的速度为他们提供最满意的服务……贵公司也可以先购买一小部分产品，如果觉得满意就增加合同分量，您觉得怎么样？”

公司的负责人听了这话，想了一会儿就与销售员签订了单子，从他们公司购进了一小批货。

虽然从众心理能够提高成交率，但是如果客户非常有个性，就不能使用这种方法。因为人们在从众的同时也会有些“叛逆”心理。如果面对有个性的人也使用这种方法，反而会激发客户的反从众心理。

3. 挽留也是一种销售之道

在确切地知道客户犹豫不决的原因之后，销售员要快速找到解决的对策。如果你不能及时解答客户的疑虑，他很有可能转身离去。一旦客户离开便会前功尽弃，因此销售员首先要对客户进行挽留。

4. 加深客户对产品的印象

有些时候，销售员所有的努力还是得不到回应，客户依旧不能下定决心购买产品。这时销售员就要变换与客户之间的沟通方式了。销售员一定要理解客户想要货比三家的想法。在客户离开之前，销售员还有一件重要的事要做，那就是加深客户对产品的印象，即向客户介绍产品的性能和特点。

销售员在最后的努力中，一定要特别注意客户的反应，无论是举止还是表情，一旦客户表示出不耐烦，就要立刻停止。

面对犹豫不决的客户，销售员一定要给客户肯定的话语，这样才能打消客户的疑虑，令其放心购买。

固执型客户，保持耐心

固执的人很少能够听进别人的解释与劝告，这就决定了销售员遇到此类客户时的主要任务就是让客户听进劝告，使其改变固有的想法。只要能削弱客户固执的观点，那么销售就很可能取得成功。因为一旦客户的观点有所动摇，也就证明了其已经开始接受销售员的意见和观点了。

营销小插曲

一位孕妇挺着大肚子走进一家孕婴生活馆，在货架前左看右看，最后在维生素专卖区停了下来，并拿起一瓶仔细地看着。这时，销售员小丽迎了上去。

销售员："您好小姐，请问您想选择哪一类商品呢？"

客户："这里的维生素都是孕妇可以吃的吗？"

销售员："是的，小姐。我们这里是孕婴生活馆，所有商品对孕妇和胎儿都是没有任何危害的。"

客户："嗯，我就是担心怕对婴儿有害。"

销售员："这里的产品都是经过高科技提取的纯植物型产品，不含有害物质，请问你是需要什么类型的维生素呢？我们会针对您的需要帮助您。"

客户："我也不知道，怀了宝宝后，感觉头发有点儿脱落，脸色也不好。"

销售员："哦，那您还是选择维生素 E 吧，它有生发、改善肤色的作用。"

客户："嗯，医生也这么说。可是你这里的产品真的是无害的吗？"

销售员："是的，这些都是纯植物产品，完全适合您。"

客户："嗯，那行吧。对了，你这里有适合孕妇的防晒霜吗？医生说在吃了维生素后，还要尽量避免紫外线的照射。"

销售员："有啊，您旁边那个货架上的都是适合孕妇使用的防晒霜，都是纯植物提炼的。"

客户："但是我的皮肤容易过敏，曾经用过植物类型的防晒霜也不行。"

销售员："您是如何使用防晒霜的呢？"

客户："就是洗干净脸之后涂上啊。"

销售员："我想您可能是使用方法不够正确。正确涂抹防晒霜应该是这样的：首先要先涂一层爽肤水，然后涂一层薄薄的乳液，最后才涂防晒霜。一般防晒霜和隔离霜都需要事先涂一层乳液来保护肌肤。"

客户："但是我身边的人几乎都是直接涂防晒霜的啊。"

销售员："因为他们没有您的皮肤这样敏感，所以您在涂抹的时候就更需要注意使用方法啊。"

客户："可是我知道我的过敏很严重，可能不是使用方法的问题。我只想找一款用起来比较安心的产品。"

销售员："这是××护肤专家编写的美容秘籍，相信您对她并不陌生。您可以看一下这段美容知识介绍，这里详细介绍了关于使用防晒用品的正确方法。"

客户："哦，那可能是我的使用方法不太正确。"

销售员："是的。您的过敏问题很大程度都是因为使用方法不正确导致的。只要您按正确的方法和步骤涂抹防晒霜，一般都是不会过敏的。对了，因为您处于怀孕期，您在使用产品的时候，要更加注意。我们这里的防晒霜还有配套的乳液和爽肤水，我建议您还是用无害、无刺激的吧。"

客户："哦，是吗？那好。这款乳液和防晒霜、爽肤水各拿一瓶吧。"

情景中的客户在购买维生素的时候，总担心是不是有害，当然，因为客户是孕妇，这很正常。在挑选防晒霜的时候，也总是担心会过敏，总之这名客户是比较固执的，但销售员小丽自有一套，她抓住客户害怕产品对婴儿有害这一点，不仅成功地推销了维生素和防晒霜，还顺便推销出去了爽肤水和乳液。其实，销售员销售的过程其实就是个征服客户心理的过程。客户固执也并不是没有原因的，情景中的销售员就是把握住了客户的固执点，并能够深入解决问题，从而取得了销售的成功。

金口才的秘密

面对固执型的客户，销售员需要保持足够的耐心，并要善于分析和观察客户，寻找到客户固执的本质原因，并不失时机地想办法说服客户。一旦消除了客户的固执点，那么销售就已经成功一半了。

在具体的销售过程中，如果要说服客户，并让客户最终成为购买者，就需要销售员做到以下几点：

1. 寻找客户固执的原因

不管客户是因为天性固执还是对某些问题存在成见，在购买产品时，其固执的内容总是与产品有着这样或那样的联系。因此，销售员首先要耐心倾听客户的话语，找到客户对产品存在固执态度的真正原因，并抓住其中的重点问题加以解决。

当真正发现客户固执的原因之后，销售就已经向成功走近了一步。因为无论任何问题，只要找到原因，就有解决的机会。何况对于多数销售员来说，说服客户都是自己的强项。

2. 用事实与客户对话

有些时候，当销售员在对固执的客户进行了一番劝解之后，却仍然不见任何成效，难免会有一些销售员会选择放弃。但是，对销售员来讲，说服过于固执的客户还是有可能实现的。

对于那些始终坚持自我观点的客户来说，销售员如果只是简单地站在个人立场上来加以说服就不太容易了，这时采取用事实说话的方式就再合适不过了。特别是通过借用一些权威人士的观点，或者是将既成事实摆在客户面前，让客户脱离简单的销售对话，使其从客观上充分地认识问题，那么客户固执己见的观点就很可能动摇。

3. 给予客户一定的肯定

固执己见的客户所持有的观点可能并不完全正确，甚至不少还带有强烈的主观色彩，相对于事实来讲可能没有任何价值。但是尽管如此，作为销售员还是要善于从客户的观点中寻找正确的方面，适时地给予客户肯定。因为对于销售员给予的赞同和肯定，任何一个客户都是愿意接受的。

在给予客户肯定时，销售员只要发现客户观点正确的一面，就要及时地给予肯定，因为即便是再微小的肯定，对促进与客户之间的良好关系都能起到一定的作用。销售员如果善于通过谈话处理好自己与客户之间的关系，就能增加销售成功的概率。这就需要销售员具有良好的分析和观察能力，并且始终保持良好的态度，时刻做到对客户尊重。

性急型客户，平和以对

对于销售员来说，在推销产品或服务的过程中总是能够遇到不同类型的客户，其中就包括性格暴躁、易发怒的客户。性急型客户在和销售员交谈的过程中，总是希望尽快结束谈话，哪怕产品有一点儿瑕疵或者销售员多说一句废话，他们就会产生不满情绪，或者对销售员表现出十分不耐烦的表情，总而言之，令销售员尴尬的同时，也很难进行推销任务。

营销小插曲

张菲是一家商场电子产品专区的销售员，服务态度一直很好。

一天，一位先生气冲冲地找到张菲，说起了前一天在张菲这里购买的iPad。

客户："你昨天卖给我的是什么iPad，根本就放不出声音嘛。你们卖的这是什么产品？质量也太差了。"

销售员："真是太抱歉了，本来买东西是一件很高兴的事情，没想到却给您的生活添了麻烦。真是对不起。请问产品哪里出现了问题？我可以帮您解决。"（连忙放下手头的工作）

客户："我下载了电影，可根本没有声音。"（态度稍有缓和）

销售员："是吗？那我们来现场操作一遍看看，和您一起找找原因。"

张菲让客户在现场操作了一遍，结果他发现了问题，原来客户把音量设置给关了，自然听不到声音。

客户："这，真是不好意思。"（一脸歉意）

销售员："不，是我昨天没给您弄好，责任在我。如果您在使用过程中发现有什么不懂的地方或是什么问题，尽管来找我。"

第二天，这位客户又来找张菲，不是为了别的，而是又买走了一个iPad。

销售情景中，客户气急败坏地来质问销售员，而张菲并没有表现出不耐烦，而是慢慢地心平气和地帮助客户解决了问题，并且给客户留下了好印象，带来了新一轮的生意。从张菲的处理方法中，我们可以看出，面对性急的客户，销售员一定要有足够的信心和耐心，这才能够稳住客户的情绪，从而引导客户心平气和地商谈。

金口才的秘密

脾气暴躁的人毕竟不易相处，想要处理好与这类客户之间的关系，对一些销售员来讲会有一定的难度。那么，在销售过程中，如果遇到性急的客户，销售员具体都应该怎样来应对呢？

1. 保持始终如一的耐心

柏拉图说："耐心是一切聪明才智的基础。"在任何时候，保持足够的耐心总会给人们带来意想不到的好结果，在销售领域中，耐心的作用就更加重要。始终在销售过程中保持耐心的销售员，往往也能获得较好的销售业绩，因为始终如一的耐心能够打动任何一位客户的心。

当客户因为一些原因表现出情绪急躁时，销售员就需要拿出自己良好的态度，耐心解决客户遇到的问题，不要总是将问题归结到客户身上，即便是客户的做法欠妥，销售员也要保持良好的个人素质，用始终如一的耐心打动客户。

2. 客户发脾气时，不要吝啬于道歉

性急的客户常会因为一些小问题而发脾气。此时，销售员就要学会处理好客户的情绪，适当地对客户道歉就是一个好方法。有一句名言说："当场承认自己的错误需要相当大的勇气，给人一个道歉胜过一千个理由。”当一个人在接受道歉时，即便是有再大的抱怨，情绪也会有所缓和。销售员如果能够及时向客户道歉，不仅能够扫除阻碍销售的一些障碍，还能为所售产品树立一个好形象。有时性急的客户还容易对销售员产生一些误解。面对客户的误会，销售员也要先道歉，只要能够缓解与客户之间的关系，销售员就不要吝啬道歉。

有些销售员会认为：明明是客户的原因，为什么还要我来道歉呢？太不公平了。然而作为一名销售员，职责是向客户推销产品，而想要将产品推销给客户，销售员首先就要推销自己。没有给予客户一个好的个人印象，那么销售员如何推销产品呢？

被誉为日本“推销之神”的保险销售员原一平曾经说：“赤裸裸地注视自己，毫无保留地彻底反省，然后才能认识自己。”在销售领域，“客户就是上帝”，没有苛刻的客户，只有不够完善的服务。任何一个销售员想要提高销售成绩，都需要从自己的身上找原因。

所以，无论是被客户误会，还是你的介绍不周到，不管责任在谁，作为销售员，你都要首先向客户表示歉意，这样不仅能够很快平息客户的怒气，也有利于建立与客户长期而良好的关系。

总之，面对性急的客户，销售员一定要保持良好的耐心，即便客户表现得再不耐烦，也不要为了图一时之快对客户出言不逊。因为一个销售员的态度不仅关系到销售业绩，同时也代表着公司的形象。对客户时刻保持良好的态度，是一个销售员需要具备的基本素质。

挑剔型客户，迂回进攻

当销售员在推销产品或服务的时候，不管销售能否成功，客户似乎总是能够从中挑出一些问题或意见，尤其是对销售员推销产品的动机产生深度的怀疑。这类人，就是典型的挑剔型客户。

营销小插曲

玩具公司的销售员周康第二次拜访一位客户，在第一次登门拜访时，周康已经获得了客户的肯定，这次，他带着公司的玩具样品，准备与客户进行下一步洽谈，但在客户看过周康带来的样品之后，却提出了一些反对意见。

客户："你们公司的影响力还是比较广泛的，宣传力度也很到位，但是与之相比，你们公司的产品在细节上却有很多问题，这与你们所宣传的有出入啊。"

销售员："我想您在玩具制作方面应该可以称为专家了。一个玩具公司能够拥有好的口碑，仅仅靠公司的宣传是很难达到的，好的质量和工艺才是关键。像您所说的，我们公司能够拥有较大的影响力正是由于产品质量优良、工艺精湛。对于产品的细节问题，您尽管提出来，我们公司一定会为您提供满意的解决方案的。”

客户："细节问题太多了。就像这款样品，上面还有一些针脚问题，虽然问题不大，但是对于玩具来讲，这就是个大问题。二手货和折价产品也不过如此。”

销售员："原来您是在说这个问题啊，不过您可能误会了，我给您拿来的只是一个样品，在我们与客户谈判时，样品难免会被反复试用，所以就会造成一些划痕。但是对于您订的货，您完全可以放心。如果产品有问题我们将承担全部责任。”

客户："是这样啊。但是这款样品还是有一些问题，它的颜色好像没有宣传册上的艳丽，看不到那种效果。”

销售员："您真是个细心的人，其实像这种布娃娃的颜色与其所在的环境有很大关系。如果光线较暗、环境亮度较低，那么拍摄的效果中颜色就会暗些。所以，很多厂家在给玩具做宣传画册的时候，一般都会特意设计一些灯，都是为了突出效果考虑的。”

客户："哦。但是你们的产品还是有一些问题……”

销售员："其实非常感谢您，为我们的产品提出这样的宝贵意见，这对我们有效改进工作有很大的帮助。你看这样好不好，我把您提出的问题都写在订单上，然后让生产部门按照您的要求进行处理。保证在交货期之前让您看到完全满意的商品，你看怎么样？”

经过周康妥善的处理，客户便决定订购该玩具公司的产品了。

情景中的销售员周康能消除客户的意见，在产品有些小毛病的情况下，仍然劝服了客户购买，与其态度有很大关系，他的谦虚、诚恳的态度打动了客户。的确，无论在什么时候，保持良好的服务态度，都是销售员取得销售成功的一个重要原因。可以说，一个销售员的态度就如同“产品的第二个质量”，与产品本身有着密不可分的关系。销售员只要懂得在解决问题的同时，保持诚恳的态度，对客户给予足够的尊重，那么销售取得成功的机会就会更大。但在实际销售中，客户提出反对意见时，不少销售员都容易犯这样的毛病：只是一味地解释这是客户的问题，情急之时甚至与客户产生了语言上的冲突，销售员忽视了要注意自己的说话态度并要顺应客户的心理才会有良好的交谈结果。否则，客户即便消除了对产品的误解，也会因为销售员的态度而放弃购买。毕竟客户看重产品质量的同时，也在乎自己的面子。相对于自己的面子而言，客户很多时候宁愿放弃产品。

在通常情况下，那些挑剔的客户疑心都比较重，一向不信任销售人员，片面地认为销售人员只会夸张地介绍自己产品的优点，尽可能地掩饰缺点和不足。爱挑剔的客户多半不易接受他人的意见，而且喜欢鸡蛋里面挑骨头，争强好胜，喜欢当面与销售人员辩论一番。

在与这类客户打交道时，销售人员要懂得采取迂回的战术，先与他交锋几个回合，但必须适可而止，最后故意宣布“投降”，假装战败而退下阵来，心服口服地宣称对方高见，并故意称赞对方独具慧眼、体察入微，让其吹毛求疵的心态发泄之后，再转入推销的论题。身处这种场合，销售人员一定要注意满足对方争强好胜的习惯，请其批评指教，发表他的意见和看法。

金口才的秘密

挑剔是客户在购买过程中的一种必然现象，处理好了，有促进交易的可能，若处理不当，很可能会造成交易失败。

1. 挑剔型客户的基本类型

在通常情况下，客户的挑剔大致有以下九种：

A. 借口，即不购买的借口。如：

“这个款式很好，只是短了点，显得有点拘谨。”（本来就应该短）

“这个产品不错，但对我们没有什么用处。”

B. 偏见和成见。如：

“什么？幸福牌彩电？您送我一台也不要！我要的是双喜牌！”

“我们这个年纪还赶什么时髦，不要，不要！”

C. 自我表现。如：

“现在不流行这种样式了，现在讲究的是……”

“这没什么了不起的，一看就知道是组装机。”

D. 恶意反对。这是无理取闹的一种表现。

E. 压价。这是常见的一种。如：

“这是最后一台，好坏都无法挑。”

“这种商品，成本低得很，不过几十元。”

“这里有点损坏，质量不好。”

F. 客观批评。客户提出的是产品或服务本身确实存在的问题，这是有购买兴趣的客户都会提出的。如：

“这种冰箱外形可以，功能也齐全，只是压缩机是国产的，噪声大。”

“这种切割机刀片易坏，经常更换不方便。”

G. 对商品的性能不了解。如：

“这个功能没什么用处。”

H. 两难处境。客户喜欢商品的这一面，又讨厌商品的另一面，是否购买处于两难之中。

I. 最后的反对。客户提出最后的反对，这不是新的理由，而是早些时候已提出的意见，实际上不是挑剔，而是下决心购买的信号。

2. 挑剔型客户的心理分析

挑剔型客户经常用来对付销售人员的战术就是先挑三拣四，然后提出一大堆问题和要求，这些问题有的是真实的，有的只是虚张声势。这类客户之所以要这样做，是为了达到以下目的：

A. 迫使销售人员把卖价降低。

B. 为自己留下讨价还价的余地。

C. 想说明和强调自己是很精明的，不会轻易被人欺骗。

3. 规劝挑剔型客户的口才技巧

销售人员针对爱挑剔的客户，不要在意客户的褒贬，可选择以下劝购技巧：

A. 归纳法。销售人员把客户的意见归纳起来，同时回答几种反对意见，就会削弱意见产生的影响。如：

“你的这些想法是可以理解的，最主要的一点就是只要价格合适，就签订合同……”

B. 摊牌法。销售人员在无法说服对方时可进行反问，表明自己的诚意，以此答复客户，从而削弱其反对程度。如：

“您自己怎样回答这个问题呢？”

“我怎么才能说服您呢？”

C. 否定法。例如：

客户：“这种衣服洗后一定会褪色。”

销售人员：“不，这是一种新型面料，绝不褪色，我以本店名誉担保。”

客户：“这种是假冒伪劣产品。”

销售人员：“我们店从不卖假货。”

D. 先发制人法。销售人员主动提出客户的疑虑，并自问自答，做出解释，给客户一种诚实、可靠的印象。如：

“您可能认为它的功能单一，但它的这一功能的效果比多功能的要好。有些功能很少能月上，是一种浪费金钱增加价格的表现。”

“您心里在想，价格可能偏高了点。但这是手工制作，绣一幅要花上半天时间，算来也不贵。”

E. 顺应法。例如：

客户：“这个商品的价格太贵了。”

销售人员：“是啊，的确很贵，名牌产品哪有不贵的道理呢？”

F. 转折法。例如：

客户：“我觉得这不好。”

销售人员：“您说得有道理，不过，这种商品就是这样。”

G. 拖延法。例如：

客户：“这个商品我不放心其安全性。”

销售人员：“关于这点，请您看看产品说明书。”同时递上有关资料，也可拿出商品让客户挑选比较，以转变客户的态度。

多疑型客户，避免争辩

有这样一类客户，他们有着强烈的好奇心，其他人根本不会注意到的问题往往也能成为他们的兴趣点，在他们看来，任何一个微小的细节都应该问得清清楚楚。销售员如果遇上“打破沙锅问到底”的客户确实是一件麻烦的事。他们的问题总是一个接着一个，有时甚至让销售员应接不暇、疲于应对。

营销小插曲

这样的客户会一股脑儿抛出一连串的问题，如：

客户：“我很奇怪，为什么你们公司的电脑价格要比别的公司便宜呢？是不是价格便宜了，性能也没那么好了？”

销售员：“您可能误会了，我们公司的产品虽然比同类公司的产品便宜，但是产品的性能指标丝毫没有降低，有的型号甚至超过了同类公司的产品。”

客户：“可是价格为什么会差这么多呢？”

销售员：“主要是因为我们注重技术开发，在关键部分实现了国产化，这样就降低了成本。”

客户：“那么性能会不会因为国产化而受到影响呢？”

销售员：“正像我刚才介绍的那样，对于我们公司产品的性能，你可以完全放心。”

客户：“那……”

你有没有遇到过这样的客户呢？其实，像这样喜欢刨根问底的客户，一般可以分为 4 种类型：具有孩子般的好奇心，对于自己感觉奇特和新鲜的事物总是要问个不停；好学，喜欢探究自己所关心的事；本性喜欢追究又爱聊天；害怕自己上当，因此要刨根究底问个明白。

金口才的秘密

面对刨根问底的客户时，我们只要找到他不断追问的原因，就能轻而易举地应对了。

1. 满足客户的好奇心，让他产生同感

第一种类型的客户并不重视事实，只要销售员跟他说明白，满足他的好奇心，让他产生同感，他就会觉得满足。因此，采取哄小孩般的回答方法就能令其满意。比如客户如果问产品价格为什么低于同类产品，只需要告诉他这个是因为公司的实力雄厚、经济效益好就行了，他可能就不会追问了。

2. 拿出足够的证据，让他心服口服

第二种类型的客户，必须拿出严谨的证据，证明销售员所说的的确是事实他才肯罢休。像上述问题，就要从性能、功效以及与同类产品的比较结果等方面阐明：产品的价格偏低并不意味着质量下降，使他坚定购买的想法。

3. 给予一定的优惠，让他蠢蠢欲动

对于第三种类型的客户，销售员要重点强调交货方式、保修和优惠方法，同时多讲些用户对此产品使用后的评价，这会对促使交易完成产生意想不到的效果。

4. 满足优越感，建起信任度

对于第四种类型的客户，销售员要特别小心。这种类型的客户生性多疑，具体有关产品知识或者是效用方面的特征对于他们可能吸引力不大，重要的是介绍公司悠久的历史，产品在市场上的知名度，以及有哪些著名客户在使用该产品等。因此，要建立客户对公司及产品的信任度，同时还要不失时机地夸奖客户有鉴赏力。只有先强调本公司的成就，同时满足客户的优越感，才能吸引他。

专家型客户，以守为攻

从事销售工作，每天都要与不同的客户打交道，其中就不乏那些对产品颇有研究的专业型客户。在购买商品的过程中，这样的客户因为对产品熟识，常常对销售员的话会做更为理智的思考和回应，对销售员的提问也往往更为犀利，底气不足的销售员常被这类客户问得哑口无言，手足无措。有时候，不仅会失去生意，还使得自己和公司的形象受损，其实，让这类客户成为最终的购买者也并非不可能，这就需要我们迎合这类客户的心理，满足其爱指导的需求，从而自如应对与其沟通中遇到的每一个细节，为成功销售赢得机会。

营销小插曲

陈丽是一家皮具公司的销售员。一天，店里来了一位男客户，这位客户在店内看了几眼后，眼光停在了一条皮带上。这时，陈丽走过去。

销售员："您好，先生，来选购皮带吗？"

客户："我自己看看。"

销售员："先生，我们是国际品牌专柜，以您的气质来说这里的皮带都比较适合。"

客户："你们是国际品牌？"

销售员："对，我们的皮具是意大利品牌，在款式和材质上都走欧美风。"

客户："什么国际品牌？你以为我不知道，我也有一个朋友做这行，业内人都知道，这只不过是挂了一个意大利的牌子而已，其实都是国内的产品。"

陈丽一听，知道遇到内行了，她立刻改变策略，恭维道："您真行！这么内幕的事都能知道，跟您相比，我们真是井底之蛙了。不过不管怎样，我们的产品质量还是得到认可的。您说，是吗？”

客户："这倒也是实话。"

销售员："那先生您觉得我们的产品还存在哪些不足呢？"

客户："其实你们的产品也不错，只是我觉得作为男士专用皮具，在原料供应上，你们更应该做到精心挑选，尽量选择那些质地优良的，才能做出高品质的皮具，才能做出档次，走出国门，成为名牌。"

销售员："您说得太有道理了，我们老板也一直叮嘱生产部门要注意这些。对了，您今天有看上的皮带吗？"

客户："这条还行吧。"

销售员："先生，您的跟光真的不错，您看上的这条皮带，它有个好处就是无论您配什么衣服，都会搭配得很好，因为它的颜色很柔和。而且，今天您也很幸运，我们这里所有的皮具都打六折。您可以试一下，体验一下实际效果。"

最后，这位客户愉快地购买了这条皮带。客户离开前，销售员陈丽还不忘恭维道："以后，您可要常来为我们的工作做指导啊！"

客户："嗯，行吧，我试试看，好看就买了。"

可能很多销售人员认为遇到此类专业型客户，销售工作就进入了死胡同，实则不然，只要我们找准了销售策略，也能应对。案例中的销售员陈丽之所以能成功向这位客户卖出自己的产品，就是利用了客户的这种优越感，对客户进行了一番投其所好的恭维。的确，那些专业型客户因为熟悉产品，他们一般都不会听销售员的意见，因此，与其费尽口舌劝客户购买，还不如以请教的姿态主动倾听客户的见解，满足其心理。

金口才的秘密

在现实销售中，我们该如何应对专业型客户呢？

1. 处变不惊，保持良好的态度

这类专业型客户通常都会表现出一副盛气凌人的姿态，且喜欢用自己的专业知识来批评产品的不足或者销售员工作的不足。但作为销售员，不能因为对方是专业客户这一特殊身份就畏首畏尾，不敢上前接待。其实，我们如果能处变不惊，保持真诚的态度，热情的服务，展示自己的自信，那么，反倒能赢得对方的好评。

2. 多说恭维话

与这类客户交谈，我们不妨对他们的专业知识和渊博的学识表现出敬佩的样子，这不仅让他们自信的心理得到满足，也会为了表现自己而乐意向销售员传授更多知识。

3. 多使用请教的语气

这类客户通常有很强的表现欲，一般来说，还没等销售人员正式介绍产品，就急于表现自己，他们对销售员的话会表现得很不耐烦，有时候他们会喋喋不休地向销售员传授专业知识，对于销售员推荐的不足之处会无情地指出，使销售员下不了台。因此，我们可以降低姿态，以请教的语气进行交流，利用他们的好胜心理来促成销售。

总之，作为销售员要记住，成功销售出产品才是终极目的，不管客户自我感觉如何优越，只要我们能迎合其心理，就一定能达成目的！

话痨型客户，耐心决断

销售过程中，我们经常会遇到一些客户，他们话很多，即使是对那些富有经验的销售人员而言，也会觉得他们很难缠，因为他们的情绪变化很快，大脑中的任何一个想法，都能成为他要表达的问题。而作为销售员，思想也要跟着他走，有时候，思维过程要 360 度大转弯：高兴起来滔滔不绝，你花费的时间会比预定的长很多；不高兴的时候更是要唠叨个不停；倘若在他兴头上打断他的话题，还会被客户认为服务不好。总之，这样的客户令销售员头疼。

这种客户就是我们平时所说的“话痨”。“话痨”的人情绪一般比较焦虑和躁动。面对这样的客户，常有一些销售员会感到力不从心，无论是维护谈话气氛还是买卖双方的关系，都需要销售员付出更多的努力。有些时候，销售员还会发现，虽然在这样的客户身上耽误了很多时间，但是销售最终毫无成果，甚至其滔滔不绝的语言还可能无形中破坏了自己的其他生意。尽管如此，如果销售员能拿出正确的方法来应对“话痨”型的客户，实现销售的成功其实并不难，而且还有可能由此获得更好的销售业绩，爱讲话的客户总比不爱讲话的客户要容易应对得多。

营销小插曲

客户：“你们店里的灯光怎么这么暗呢，这些包包摆在这里都看不清楚。这款多少钱？”（指着一款女士皮包）

销售员：“498元。这是我们今年推出的新款，这两天刚到货。”（微笑）

客户：“498元？也太贵了。都没有折扣活动吗？和你们同档次的牌子有好几个都打折了。”

销售员：“是的。如果是我也会觉得有点儿贵。不过话说回来，如果您每天挎着它，您绝对会觉得物超所值。这款皮包集合了今年的最新时尚元素，款式新颖，面料也相当好。498元您绝对不会买贵。”

客户：“这个面料是真皮的吗，摸起来感觉怪怪的。不会是假的吧？”

销售员：“您放心，这绝对是纯皮的，我们是专卖店，不可能用假的来欺骗客户，因为面料经过特殊处理，所以看起来和普通皮革有点儿不一样，但正是因为这样，这种皮今年特别流行。”

客户：“包包拉链颜色和包包的颜色反差这么大，好像有点儿不搭。看起来显得有点儿奇怪。”

销售员："这是设计师的点睛之笔，也正是为了凸显这款包包的与众不同，您来试一下就知道了。”

客户："好像是。你拿下来我挎着看看，不过不一定买。”

销售员："这款包包十分衬托您的气质。而且现代女性购买包包，已经不是上个年代为了实用，而是为了搭配衣服，我相信您挎上这款包包，再配上您这身衣服，一定很显品位与气质。”

客户："嗯，是挺好的，我在××品牌那里看中了一款，价格比你们便宜不少钱，也是今年的新款，但是感觉很普通。那就拿这款吧。如果包包有问题可以换吗？”

销售员："是的。这个您完全可以放心，您一周之内都是随时可以调换的。”

我们发现，情景中的客户可以说是典型的"话痨"。对于销售员来说，面对"话痨"的客户，做到耐心是最为重要的。留住客户需要耐心，赢得客户需要技巧。即便客户说话再多，但是销售员一旦能掌握对话中的主动权，往往就能获得销售的成功。

金口才的秘密

在具体销售过程中，要想让"话痨"的客户最终成为买家，销售员应该怎样应对呢？

1. 不要过于在乎客户的语言

"话痨"的人不论何时都容易成为谈话中的焦点角色，但很明显，这样的人在与人谈话的时候，显得很复杂和重复，同样的观点，会重复很多次，想到什么说什么，不着边际，而且也并没有几句有价值的话，对这些话，销售员也要选择性地听，一概吸收反倒让自己很累。而且"话痨"的客户常常会不加顾及地说一些话，特别是一些不好的评价，在现实销售中，不少销售员都会为此而恼火，因此，也会较容易放弃这样的客户。然而，少争取一个客户，就减少了一个销售机会。其实，客户的话再多，也是可以巧妙应对的。

事实上，这种“嘴上功夫了得”的客户并没有什么坏心眼，只要你忍住他的唠叨，不怕“苦”，不怕“累”，始终笑脸相迎，保持良好的销售礼仪和销售态度，等他们“痛快”地说完之后，总会平静下来，认真地听你说话，并对你表示友好，甚至很痛快地就购买产品，因为你充当了他最忠实的听众。

2. 善于提取价值语言

“话痨”型的客户说话一般没有固定的主题，总是不着边际，但是一般情况下，也总能归结出一些简单的主题，而且其中也有一些与销售有关的信息。

因此，在与“话痨”客户的对话中，销售员就需要及时提取对方的谈话信息，并找出其中对自己销售有价值的部分，做到善于倾听，善于思考。

3. 学会制造销售机会

无论购买什么，“话痨”客户总是会提出更多的问题。销售员一定要善于抓住那些有利于自己的机会，这样就更容易掌握主动权，也更容易获得销售的成功。

比如，当客户谈论商品外观时，销售员可以借此介绍商品的做工、质地等方面的优点，让客户意识到商品确实物有所值；当客户谈论到商品价格时，销售员又可以借此向客户介绍商品的超值之处。无论怎样，销售员只要抓住客户语言中那些对促进销售有关的话题，并适度地进行展开，对客户加以引导。那么，想要获得销售成功也就变得更加容易了。

实践证明，客户买不买并不会随着时间推移而改变，其购买欲在交谈开始几分钟内就已经确定。而时间拖得越长，客户的积极性打消得也就越快，销售员一定要学会“快刀斩乱麻”，拿下客户，做成生意。

和平型客户，和谐相处

客户不同，其性格特征就不同，而这些特征决定了客户在采购、购物中的表现存在差异，所以面对不同的客户，销售人员应该采取不同的沟通策略、应对技巧。正所谓，见什么人说什么话，这样才能让你的销售工作事半功倍。

和平型客户的性格低调、随和，是最容易相处的“老好人”。他们善于倾听，却不轻易表达自己的内心想法；他们行为懒散，安于现状，做事犹豫，但内心却非常渴望得到别人的肯定和认同。销售人员应该根据和平型客户的特点，给他们一个宽松的决策环境，同时在适当的时候也要给其一定的压力，以促使其尽快做出购买决定。

营销小插曲

郑波是一位销售设备配件的业务员，他工作勤奋、做事认真，总能获得客户的喜欢与信任。

前不久，郑波的公司研发出一种性能高、价格低的新型配件，这种配件对于机械制造企业具有非常广泛的用途。所以，郑波第一时间打电话给自己的一位老客户。对方听了，对这种配件表示出了浓厚的兴趣，二人相聊甚欢。客户还在电话中给郑波介绍了一位客户，让郑波有时间去拜访一下这位邱经理。

郑波当然十分高兴，放下电话就开始约邱经理见面。

这一天，郑波如约上门拜访邱经理。一进到客户的办公室，他便自我介绍道："邱经理，您好！我是××配件制造公司的郑波，是××机械厂的王经理介绍我来的。"

"你好，你好，快请坐。昨天王经理还跟我说起你，哈哈！"邱经理满面笑容。一开口就让郑波感觉很亲切。

"您别客气。我和王经理已经有过几次合作，大家都是好朋友了。他说您准备采购一批设备配件，是吗？"

"对，是有这么回事儿。"（确认客户的需求）

"我们公司最近研发出一种新型配件，它具有硬度高、韧性强的特点，而且价格仅是原来同类配件的80%……"郑波递上样品，并介绍了配件的性能、价格及其他特点。

邱经理显然对这个配件很感兴趣，他听得十分专注，还不时地向郑波咨询一些问题。郑波详细、耐心地作了解答。

最后，邱经理说出了自己的疑虑："你们的配件基本上符合我们的要求，只是我有些担心产品的质量，毕竟以前没有用过。"

郑波："您真是一位细心的当家人。这个您放心，我们的产品经过了11道工序，每道工序都有专门的质检员对产品进行抽检，而且每一个配件在入库前都会经过严格的质量检测。"（赞美客户，同时强调产品生产过程中的质量控制，让客户放心）

邱经理："哦，是吗？"

郑波："是的。您明天上午有空吗？我想邀请您到我们公司的车间去看看，以便您能更深入地了解我们和我们的产品。"（让客户亲自参观现场，给客户一个宽松的决策环境）

邱经理："行，明天上午我有时间，也正好去你们公司看看。"

郑波："那明天上午9点我开车来接您，您看可以吗？"

邱经理："可以。"

第二天，郑波带着邱经理到车间里参观，在此过程中邱经理感到非常满意。而郑波也抓住时机向邱经理提出了签单请求，从而成功取得了一张100多万元的订单。

案例中的邱经理“为人谦逊，性格温和，作决策谨慎”，属于典型的和平型客户。这类客户通常在销售中扮演旁观者的角色，他们具有以下特点：

为人内向、低调、随和，不喜欢暴露自己真实的想法和感情。言行举止礼貌而周到，善于倾听，但不喜欢讲话。如果认为别人的话有道理，就会产生强烈的认同感。耐性十足，拥有超乎一般的忍耐力和韧性。惧怕压力和风险，害怕承担责任，喜欢按最简单的方式做事。安于现状，缺乏改变的热情，不愿意拒绝人和得罪人。喜欢与世无争，很容易满足，对未来没有太高的期望和要求。优柔寡断，缺乏主见，作决策时喜欢和别人商量。

由上可知，对于销售人员来说，和平型客户是非常理想的业务拓展对象。但是，他们的性格特点决定了他们在沟通中尽管能够耐心地倾听销售人员的讲话，但却经常保持沉默、缄口不言。尽管他们因顾及销售人员的感受而很少说“不”，但是真正让他们做出购买决策的时候，他们却经常考虑来考虑去，总是拿不定主意。

金口才的秘密

作为销售人员，千万不能因为和平型客户看起来很好“对付”就掉以轻心，而要采取正确的沟通策略，确保达成签单的目的。

1. 鼓励客户表达出自己的真实想法

毋庸置疑，和平型客户是一个好听众，然而他们为了维持和谐的沟通气氛，往往不愿意把自己的疑问提出来，而这些疑问很可能就是他们迟迟下不了购买决心的原因。因此，销售人员应该多用问题引发客户思考，还要鼓励他们提出问题，将内心真实的想法和感受表达出来，从而不断强化他们的购买意愿和决心。

2. 用产品的优势和利益消除客户顾虑

和平型客户会因担心存在风险而拒绝改变，总是想保持现状，因此他们在决策时总是思量再三，从不轻易作决定。因此，销售人员需要以产品的优势和利益激发客户的购买欲望，并拿出确凿的证据证明这种产品就是他最优的选择，不会给他带来任何风险。

另外，销售人员还可以通过积极的互动，将客户从单纯的旁观者变成销售活动的参与者，这样能让客户更清楚地了解产品的优势和利益，也能让客户更放心地购买。就像案例中的郑波，在客户表示“担心产品质量”之后，他耐心地向其介绍了新产品的质量情况，还邀请客户亲自到公司生产车间参观，从而彻底消除了客户的疑虑，最终签下100多万元的大单。

3. 调动和利用客户的“从众心理”

和平型客户具有强烈的从众心理，他们做事喜欢随大流，决策时喜欢和他人商量。而且，他们往往会关注他人对产品的态度而选择是否购买，以降低自己的购买风险。在产品推介中，销售人员最好能够列举一些数据和实例，如销售数据、客户满意度调查数据、客户订单，尤其是客户熟悉的人的购买实例，从而调动客户的从众心理，强化客户的购买信心，制造出更多的成交机会。

4. 给客户一些压力，督促成交

和平型客户即使对产品产生了购买欲望，也会让自己保持冷静和镇定，他们内心会告诉自己“不用着急，再看看”。这种自我暗示能让他们的购买热情慢慢冷却，而观望、犹豫渐渐占据上风。

在这种情况下，销售人员就需要不断地推动和平型客户，促使其尽快购买。你不推他，他就仍然会裹足不前，很可能让销售不了了之。所以，必要时，销售人员也可以向其“施加一些压力”，促使其将购买欲望转化为购买行动。比如，你可以说：“这种产品只剩最后一件了，现在不买可就买不到了”“您楼上的张太太就给她女儿购买了我们的健康保险，您看看，这是保单……我想您也是位称职的妈妈，在这一点上不比张太太逊色……”

第十章

会说谨慎话：销售有禁忌，说话不踩“雷”

沟通要有艺术，良好的口才可以助您事业成功，良性的沟通可以改变您的人生。所以，我们与客户交流时，要注意管好自己的口，用好自己的嘴，要知道什么话应该说，什么话不应该讲。

销售人员应该注意的语言禁忌

销售人员在销售产品的同时，也是在销售自己，大部分企业的销售，在与客户交谈时都是属于乙方的，所以我们相对处于劣势。除非是很大的企业，或者产品供不应求时，客户才会主动来找我们商谈。所以对于销售人员来说，与客户交流时一定要注意自己的语言用词，避免和客户产生语言上的摩擦，或者是语言上得罪到对方。

销售人员在和客户的沟通过程中，不仅要使用文明的语言、保持谦和的态度，且在沟通和谈话的方式方法上，还需要注意一些细节性的问题。自己在和客户谈话时，应该注意一些禁忌。要不然就算你口才非凡，产品优异，价格低廉，但是你如果在不经意间惹恼了客户，到手的订单也会飞走。

营销小插曲

王鹏："您好，赵总，我是××保健公司的小王。您看，这是我们公司新研制的保健仪器，目前刚刚投入市场，现在很受欢迎。它对颈椎、腰椎和肩膀都有很好的保健功效，特别适合有颈椎病的患者使用……"

客户："等一下，你说你是哪个公司的？"

王鹏："我是××保健公司的，原来您知道我们公司，那就更好了。您以前一定接触过吧？"

客户："听说过，没敢接触过。你们的产品谁敢接触啊？"

王鹏："您这话什么意思啊？"

客户："听说你们的产品质量经常出问题，还出过一些事故呢。而且，听你的介绍，价格也不便宜，我可不买这样的产品。"

王鹏："谁说的，我们的产品从来没有过质量问题，我们的产品还出口呢，怎么可能有问题，真是的！”

客户：“谁不说自己的瓜甜，质量再差的产品在你们嘴里也能成为优质产品。你们的产品我不需要。”

王鹏：“怎么会？您不能随便相信外面的传言啊。我们公司的产品是有质量保证的，您看这是产品质量鉴定书，还有获奖的宣传册……”

客户：“不用你来教育我，自己的产品有问题就不要到别人身上找原因。你还是走吧。”

王鹏：“你这个人怎么不讲道理！真是的。”

王鹏在销售中所犯的错误就是直接反驳了客户，与客户发生争执。如果他能够以实事求是的态度倾听，委婉地与客户进行沟通，销售结局恐怕会大相径庭。的确，对于客户的异议，如果销售人员直接否定，就好像用一把大刀将销售工作拦腰截断。一旦直接对客户进行反驳，销售工作就无法进行下去，销售人员再努力也于事无补。

金口才的秘密

销售人员与客户沟通时，要理解并尊重客户的思想与观点，要知道人各有志不能强求，他买你的产品，说明他能承受并有需求；他不买你的产品，说明他有原因，切不可采取质问的方式与客户谈话。对待客户，要进行换位思考，不要因为客户拒绝就用质问的口气和客户说话。

如何做到让客户不讨厌，销售人员一定不可触碰的销售沟通禁忌，主要体现在以下几个方面：

1. 语言表达模糊

销售人员与客户交流的目的是为了让客户全面清晰地了解产品。虽然过于直白或没有策略的交流会让对方觉得索然无味，但是，一定要清楚地让对方明白你要干什么，你在讲什么。这样客户才能有目的、有意向地做出相应的反应；同时，销售人员通过对客户言语的观察，才能及时地采取相应的销售措施。

2. 使用浮夸的语言

每一个销售人员都会犯的错误就是过于夸大自己的产品，销售人员在与客户进行交流时，尽量不要过于强化自己的产品，更不用添加过多的不实言辞，这样会让客户对你的诚实度有所怀疑。要明白，建立在不信任基础上的交流是不会成功的。

3. 过于随意或慵懒的状态

不管是与新客户还是老客户交谈，进行产品交流时积极的精神状态是会相互感染的，无论是初次见面的新客户还是经常打交道的老客户，在进行产品交流时，都是正式的业务往来，销售人员的精神状态、言谈举止都是综合的信息因素，能给客户传递很多超出语言之外的信息。因此，作为销售人员，不能因为精神状态而影响交流信息的传递。

作为一名销售人员，用语言让客户认可，同样的意思，通过不同的表达方式，产生的效果就会截然不同。因此，在销售沟通过程中要做到“别让客户讨厌”，销售人员应该避免触碰销售沟通禁忌。

4. 心不在焉

精神涣散、心不在焉是推销中的大忌。如果销售人员在与客户接触的过程中展现出的是一副词不达意、六神无主的样子，就很难使客户对你的产品产生兴趣，他们会认为你没有足够的诚意。因此，在向客户推销产品时，做到精力集中是相当重要的。

只有做到精力集中，才能及时发现问题，解决问题，而且能够有效吸引对方的注意力，可以很好地控制整个局面，使你处于主动的地位。

精力集中意味着你对这件事情很重视，对方也就觉得你尊重他，他也就会与你们思想沟通，愿意接受你的思想，最终使推销有成效。所以，你要懂得精力集中就是控制局面的最有效的方法和策略。

这五句话一旦出口，必定前功尽弃

对于销售人员来说，如何把产品或服务迅速销售出去，是最重要的事情。销售人员的工作性质决定了要与客户紧密接触，要做好销售工作，就必须做到能准确识别客户的沟通风格，然后根据不同的情境，与客户展开灵活、有效的销售沟通。

营销小插曲

销售员：“早上好，王先生，很高兴见到您。”

客户：“你好，有什么事吗？”

销售员：“王先生，我今天来拜访您的主要目的是给您带来了我们最新产品——高智能 A100 型号设备。我知道您一定很希望您的企业生产成本降低，收益提升。”

客户：“是啊，但你们公司的产品性能怎么样？”

销售员：“王先生，这项设备是引进的德国 SA 技术，它的制造效率是普通设备的两倍，而且比一般设备的单位能耗要低 20%。另外，这款产品的操作平台非常人性化，操控性能很稳定，安全性能也非常好。还有就是安装了自检系统，这样，就不需要经常安排大量人工来检查，节省了大量的人力成本。您觉得怎么样？”

客户：“不错，那这款产品已经应用在哪些行业了呢？”

销售员：“主要是挖掘机制造、油田开发等领域。”

客户：“这套设备大概需要多少钱？”

销售员：“仅需要 20 万元人民币。”

客户：“是吗？我知道了。这样吧，你把资料放下，我先了解一下，回头给你电话。”

销售员：“王先生，我们公司的设备曾荣获国家设备制造金奖，每年销售量达到5000万元人民币呢。”

客户：“我知道了。我们领导班子需要研究一下才能给你电话。再见。”

销售员：“唔？……”

这是一个拜访客户的典型个案：销售人员第一次拜访客户，他希望客户对自己的产品感兴趣。这位老实本分的销售员遇到了一个愿意参与对话的客户是非常幸运的，但不幸的是，他的行为印证了在推销泛滥的时代，人们脑海中根深蒂固的销售代表形象，最终他失去了机会。这位销售人员犯的最大毛病就是千方百计想向客户证明自己的实力与价值，但是最终还是失去了销售机会。

金口才的秘密

急于求成的推销，必定前功尽弃。在现实销售中，以下几种话也不可对客户说：

1. 不可以

销售人员永远都不要对客户说不可以，因为没有人喜欢被拒绝，并不是因为目的没有达到而感到失落，而是不喜欢被拒绝的感觉。在推销产品时销售人员要多给予客户肯定的回答，这样会让他们觉得你很有诚意。

如果有的客户提出了很苛刻的要求，确实没有办法来实现，那么销售人员可以先肯定，再附上条件，这样客户更加容易接受。比如，你可以说“可以的，不过这样做的代价是……”与客户交流时要避免声音过于温和，会让人觉得有气无力。与客户交流时不要“咬文嚼字”，这样会使语速减慢，影响客户的倾听效果。

2. 这不归我们管

作为销售人员应该为客户提供全面周到的服务，而不应该遇到问题就以一句“这不归我们管”来推脱责任，这样说只会让客户扫兴。就算他的要求真的不在你的服务范围内，也要耐心地告诉客户应该去哪里，找谁来解决问题。试想你买了某样东西后，销售人员说这不归我们管，你下次再有需要时还会找他吗？

3. 你确定吗

永远不要去质疑客户的表达，客户愿意跟你提出一些自己的看法，说明他对你的产品感兴趣，这个时候你来一句“你确定吗？”就相当于否定了客户的意见，一定会让客户心里不舒服，从而丢失销售机会。

4. 你懂吗

有些销售人员会有个习惯，害怕客户不理解自己的话，就会习惯性地问“你懂吗？”这是一种老师的口吻，会让客户感觉没有得到起码的尊重，从而产生逆反心理，可以说是销售中的第一大忌。

销售人员应该明白，客户往往比我们还要聪明，不要随意怀疑他们，如果真想知道客户是否理解，可以问客户：“还有需要我再详细说明的地方吗？”如此之类的语言，这样客户就容易接受了。

5. 这个我们是不允许的

当客户提出的某些要求确实违背了公司政策时，不要总拿公司的条款来压客户。除非你在介绍产品之前先给客户普及了一下公司条款，否则要尽量找到一种解决问题的办法。试想一下，如果你购买某件商品后感觉不满意却不能换，是不是就会有一种被欺骗的感觉。

对客户说话永远要保持尊重和礼貌

销售中，举止无礼是一种劣质的服务，客户会感到自己没有受到尊重，很多销售就是因为劣质的服务而流失了客户。礼貌传达的核心就是尊重，礼貌可以体现在服务的各个方面，这些小的细节将会产生大的影响。礼貌是一种行为标准，它是销售人员在销售中对待客户应有的方式，即使在服务中销售人员有不好的情绪，出于职业道德，依然应该用礼貌的方式对待顾客，这样也可以减轻因为负面情绪而带来的不良影响。

营销小插曲

销售员："××先生，通过观察贵厂的情况，我发现你们自己维修花的钱比雇用我们还要多，是这样吧？"

客户："我也认为我们自己干不太划算，我承认你们的服务不错，但你们毕竟缺乏电子方面的……"

销售员："对不起，请允许我插一句……有一点我想说明一下，任何人都不是天才，修理汽车需要特殊的设备和材料，比如真空泵、钻孔机、曲轴……"

客户："是的，不过，你误解了我的意思，我想说的是……"

销售员："我明白您的意思，就算您的部下绝顶聪明，也不能在没有专用设备的条件下干出有水平的活来……"

客户："但你还没有弄清我的意思，现在我们负责维修的伙计是……"

销售员："现在等一下，××先生，只等一分钟，我说一句话，如果您认为……"

客户："你现在可以走了。"

上述案例中，销售员几次三番打断客户的述说，既不符合社交礼仪，也犯了推销中的大忌，如果采用上述这种对话方式，推销是根本没有希望的。

唐突地打断客户讲话是十分不礼貌的行为，交谈是双方的事情，良好的沟通关键在于双方要有恰当的互动，因此如果一味地听对方讲，自己一言不发既不礼貌，也不明智。

金口才的秘密

那么，在与客户交谈时，如何才能做到既能有效互动，又不失礼仪呢？

1. 礼貌地插话

如果在客户发表自己对推销产品的看法或意见的时候，销售员因为有着急的事情或者单纯地想对客户的言论发表自己的不同意见时需要打断客户的话，最好举止有礼地向对方表示自己有话要说，例如：“抱歉，打扰一下，我想补充说明一点。”之后经过客户的同意后，再继续“插话”。只是，“插话”应该简洁明了，不可过于啰唆，以免扰乱了客户原有的思路。

2. 谈话过程中有意识地注意自己的言行

在销售活动中，销售员的言谈是否得当对客户的影响非常大，很有可能决定销售的成败。在与客户交流时，千万不要带不良的口头禅。尤其是在谈话时间较长时，很多销售员更容易有这个毛病。有的是一开始比较注意，但能做到前后一致的人却非常少。一份调查显示，能把礼节做到前面的销售员可能占到 100%；而自始至终保持一致的销售员可能不到 30%。

只有在销售过程中把自己合理的举止行为做到善始善终，在被拒绝后依然保持君子风度的销售员才有可能获得更多客户。销售员因为言谈不得体，很有可能遭到客户的拒绝，但不能因为某一次交流受阻，没达成最终协议，就改变对客户的态度。销售员如果这样做，会让客户认为这是个没有素质、不懂礼貌的人，导致完全失去交易机会。

3. 养成良好的说话习惯

销售就是一份与人打交道的工作，在销售活动中，销售员不仅是在销售产品，更是在销售人品。一个客户在做出购买决定前，不仅要看产品是否合适，还要考虑销售员的人品和销售态度。不良的口头禅则会在一定程度上损害你在客户心中的形象。与那些态度恶劣的销售员相比，客户更愿意购买有良好说话习惯的销售员的产品。今天不买或仅买一点儿产品的客户，明天未必就不买大件商品。如果客户受到无礼对待，势必不愿再来，那样就会损失大批回头客。退一步说，即使客户真的不买大件商品，真的没有购买能力，销售员也应坚持一视同仁。客户一旦对销售员产生了好感和信任感，那随之而来的购买就容易得多了。

销售员要想避免不良的口头禅，最根本的还是要养成良好的说话习惯。

而形成良好的说话习惯，文明得体的语言必不可少。

对客户提问，不要不懂装懂

有的销售员在客户咨询产品问题时，唯恐对方看不起自己，往往乱侃一通，结果常常会误导客户。面对客户的提问，销售员不要不懂装懂。然而，在实际销售过程中，这种情况却十分常见。

不懂装懂，不但是对客户的不尊重，也暴露了自己不够专业的一面，不利于自己业务活动的顺利开展。

营销小插曲

小陈是某家电脑销售公司的销售员。一次一家规模不小的公司要团购电脑，许多销售商都参与进来，竞争相当激烈。客户公司的总经理委托自己的技术顾问到几家销售商那里采集建议，搜集有关资料。当技术顾问来到小陈公司时，小陈陪同这位技术顾问参观了机房，并详细地听取了对方的解说。

参观完毕之后，这位技术顾问对小陈说："根据我搜集的资料，几个销售商的品牌各有优缺点。"通过客户的语气，小陈似乎感到客户对一家竞争对手的电脑颇为欣赏，就着急了，眼看"煮熟的鸭子居然又飞了"，情急之下，就使出浑身解数，讲解他所代理的产品如何优秀，设计上如何特殊。小陈本来希望借此纠正客户的想法，没想到的是最后对方不耐烦地冒出了一句话："究竟是你比我行，还是我比你懂？"说完掉头就走。

当时，小陈想解释，可是自己对电脑知识的掌握远远不如一位技术专家。客户的话一出，这笔生意看样子是要泡汤了。突然小陈灵机一动，既然面对的是专家，何不干脆用虚心请教的方式呢？

第二天，小陈再次拜访那位技术顾问，见了面，小陈说："陈老师，今天我来拜访您，绝不是来向您推销。昨天回家之后，我从头到尾想了想老师的话，觉得您的分析十分有道理。老师指出了我们产品上的很多缺点，这些缺点以前从来没人发现过，这对于我们的发展是非常有帮助的。”

小陈在说这番话的时候十分诚恳。这位技术顾问听了以后心里又是同情又是舒畅，于是也和蔼地说：“你不必灰心，其实，你们的电脑也不错，就是设计上没有特点，譬如说……”技术顾问又进行了详尽分析。

最后，在这位技术顾问的推荐之下，客户公司总经理订购了小陈所代理的电脑，一笔快泡汤的生意竟这样奇迹般地复活了。

有很多销售员就是这样，遇到自己搞不清楚的问题，不是故弄玄虚，就是卖关子，经常用“大概”“可能”“也许”“差不多”这样的话来搪塞客户。必须承认，销售员不可能做到对所有的知识样样精通，因此面对客户提出的棘手问题时，绝不能蒙混过关，应付客户，更不能胡编乱造欺骗客户。

金口才的秘密

那么，销售员在遇到自己无法解决的问题时，该怎么办呢?

1. 实事求是，坦诚面对客户

当销售员对产品没有足够的了解或者了解不及客户时，千万不要信口开河。此时最行之有效的办法就是实事求是地向对方说明一切，告诉对方自己的真实情况，并表示愿意按照对方的建议进行修改，及时补救。比如，“先生，我知道您是这方面的专家，而我是个新手，但是我真的希望做成这笔生意。您认为我做得有什么不够好的地方，请直接告诉我，我一定尽最大的努力满足您的要求。”这时，客户通常就会放下架子，如实地告诉你不买的真正原因。

等客户讲完拒绝的原因后，销售员可以根据实际情况再灵活处理。有的销售员可能认为，向客户说出自己不利的一面，不等于不打自招吗? 销售就彻底失败了。其实，从根本上讲这样做是有利的，在任何时候即使失败也要找出失败的原因，以免重蹈覆辙。

2. 虚心学习，向客户请教

如果客户是这方面的专家，销售员要虚心向他们学习，以丰富自己的知识。对于自己不明白的地方，一定放低姿态，真心向客户请教。善于请教也是一种非常好的销售方式，因为每个人都希望被对方重视。销售员在与客户沟通中，虚心请教会让客户感到“自己很重要”“自己时刻受到关注”，而让客户产生这种感觉的最好办法就是向客户“请教”。

客户：“听说，你们公司出了一批新的铅管设备，我倒是有兴趣看看，你能不能向我介绍一下。”

销售员：“对，但我是新来的，对这款新产品的性能不太熟悉。不过我听说王总是这方面的专家，我想听听您有什么要求，回去我向公司反映一下。”

客户：“哈哈，以前从没有任何一位铅管销售员向我请教。”

销售员也开玩笑地说：“那就从现在开始吧。”

3. 彻底了解自己所销售的产品

要想让客户买得放心，买得舒心，就必须能把产品的各种信息转化为带给客户的实际利益，这就需要销售员对自己所销售的产品有一个比较全面的了解。只有对产品的基本功能有一个详细了解，理解了产品蕴含的价值，才能在客户提问时，做到有理有据，对答如流。

言简意赅，啰唆容易引起客户反感

生活中，大部分人都不太喜欢说话啰唆的人，有时候就连妈妈关心的唠叨也会让我们不耐烦。所以在面对客户时，销售人员说话同样不能啰唆。说话啰唆，不仅对销售无益，更会影响到销售人员的方方面面。如果你认为这只是个小毛病，那就更是错上加错了。

营销小插曲

“李姐，告诉你个好消息，我们公司新推出了一款理财产品，购买保险就相当于存钱，还有红利，而且还增加一份保障！”保险销售员丽芳一见到客户李姐就打开了话匣子。

“上次我买的那份保险不也一样吗！”李姐不太感兴趣。

“不一样。您上次买的是女性重大疾病险和意外险，和这款产品不一样！”丽芳笑着说。

“有一个保障就行了！再说，我们都是工薪族，每月收入有限！”李姐淡淡地说。

“您这样想我很理解，不过这款产品真的和您上次买的有很大差别，它具有理财功能。您既可养老用，还可将它作为小孩的教育基金，等您家妞妞上大学时候用！”丽芳忙不迭地介绍着，还拿出相关资料给李姐看。

“教育基金？你说说这是怎么回事。”李姐有些心动。

“其实就相当于您从现在开始每年存钱，15年后取出，而那时不正是你家妞妞上大学的时间吗？到时候连本带利一起，孩子的教育费用不就有着落了！”丽芳兴奋地介绍着。

“听起来还不错啊！”

“那当然，这款产品就是专门为您这样的工薪家庭设计的。既解决了孩子的上学问题，还可作为养老金使用，和您上次买的不是一回事。钱在银行存着也是存着，不如用其理财。我觉得这款产品不错，我也购买了一份，未雨绸缪嘛！”丽芳再次说明她所售产品的好处。

“是呀，确实不错。丽芳啊，我还有急事，咱们改天聊！”李姐找了个借口离开了。

丽芳反复唠叨新产品的好处，致使客户因不耐烦而找借口离开，失去了继续推销的机会。现实中，像丽芳这样的销售员很多，他们面对客户时，总是揪住产品的某项特性大说特说、反复强调，即使客户已经兴味索然，依然喋喋不休，致使销售失败。

金口才的秘密

请销售人员对照以下四点，改掉啰唆的习惯。

1. 明确目的，让推销更有针对性

明确洽谈的目标、洽谈方案和思路，适宜的说服方式，是销售员在推销过程的各阶段都要明确的要素。如果这些要素是模糊的，销售员不知道自己的目标，就不会明确自己在与客户交谈中应该说些什么，但又怕冷场，于是便没话找话、夸夸其谈，结果废话越来越多，最终引起客户的不满。所以，在拜访客户前列出自己的计划、目标，便于销售员在谈话中有重点、有条理地说明自己的意图，同时也有助于销售员克服喋喋不休的毛病。

2. 多观察，留意客户传递的信息

一个优秀的销售员会在沟通的过程中仔细观察客户的表情、态度、举止行为和所处的环境，从而掌握客户的内心世界，从中找出沟通的话题及交谈重点，然后再配合有针对性的语言去说服，打消客户的顾虑，掌握洽谈的主动权，轻松地对客户进行引导。实际上，销售员应在沟通中主动收集客户的信息，这样做不仅可以避免把时间和精力都花费在喋喋不休的说服中，还能进一步了解客户。

3. 用心倾听客户的谈话

对于销售员来说，用心倾听别人的谈话是一门必修课，这不仅是对客户的尊重，也可以给自己更多的思考时间。所以，销售员必须记住，和客户的交谈不是演讲，不能多说少听甚至只说不听。不注意倾听客户的谈话，销售员便无法了解客户的需求，不能有针对性地提出对策，也就不能从中找出有利于成交的时机，从而导致沟通的失败。

4. 动手进行示范，利用辅助工具进行介绍

如果有条件，销售员可以通过现场演示的方式来向客户介绍产品。在动手进行示范时，销售员可以通过向客户展示产品来更好地调整自己的思绪，一步一步正确引导客户，这样也就避免了销售员在推销过程中思路混乱、废话连篇。

另外，在推销中，销售员可以辅以各种可利用的工具，如图文资料、资历证明、成功的合作伙伴名单等。利用这些辅助工具，既可以省去销售员自己解说的麻烦，也减少了喋喋不休的可能性。

勿争辩，以免“赢了口才，输了订单”

销售员在与客户交谈时，话一定要说到点子上，而且话不要说得过多。有的销售员在与客户交谈时，滔滔不绝，天南海北地乱侃，甚至与客户发生争辩，结果一天下来丝毫没有进展。这就是所谓的“赢了口才，输了订单”。销售员说任何一句话，都是围绕订单展开的，一切目的都是为了最后成交。千万不要做“捡了芝麻，丢了西瓜”的事情，出力不讨好。

营销小插曲

客户：“您好，我想问问你们公司最新款笔记本电脑的价格，如果不是太贵的话我想买一台。”

销售人员：“噢，你一定是通过电视广告知道我们推出了最新款的笔记本电脑吧？”

客户：“是的，看电视广告知道你们推出了新款笔记本电脑，我一直用的都是你们的笔记本电脑，我觉得你们的笔记本电脑还不错，可是你们怎么请了那样一个小姐代言呀，长得不好看不说，说话也不好听！还不如请 ××× 来做广告呢！”

销售人员：“可是我觉得 ××× 更不怎么样，还不如我们的代言人呢，我们的代言人可是千挑万选才选出来的。”

客户：“你说 ××× 不好？她可是整个亚洲最棒的明星。”

销售人员：“什么整个亚洲最棒呀？她不过就是在中国有点名气而已。”

客户：“你太没品位了！她是最棒的！算了，我不买你们的电脑了，我去看看别的品牌！”

上述案例中，销售人员仅仅因为代言人这种无足轻重的事情而与客户发生争执，从而失去一位准客户。实际上，销售人员可以将一些鸡毛蒜皮的小事彻底忽略掉，否则很可能会因小失大地失去客户。

所以说，在销售的过程中，千万不要与客户进行争辩，不要错误地以为你在这场争执中取得了胜利，客户就会购买你的商品。当你顺从客户的意思，不与他进行争执时，你输掉的仅仅是这场争执，但赢得的却是这个客户。因为成功销售出去你的商品才是你真正的目的所在。

金口才的秘密

在销售过程中，最忌讳的就是与客户发生争吵，这样不但得罪了客户，还容易打乱自己的谈话思路，导致最后一事无成。销售与客户沟通，一定要减少外来话题的负面影响，要按照自己的思路，紧紧围绕订单与客户交流，这样就可以避免与客户发生正面争吵。那么，怎么才能避免与客户争吵，一心一意地围绕销售去交流呢?

1. 有所节制

销售员与客户发生争吵的一个重要原因就是在销售时说话没有节制，大谈特谈根本无法实现的空话，从而导致自己在说这些话的同时丧失了主动意识，此时所说的话全是“空话”或者是“语言垃圾”。听到不切合实际的话，很多客户容易心生厌烦。

夸夸其谈的语言中含有太多夸张的部分，对于销售没有任何意义。它足以使销售员精心安排的销售拜访功亏一篑。

2. 少说多问

提问往往比陈述更有利于帮客户理清思路，使客户积极主动地说服自己，从而尽快做出购买决定并采取行动。这将大大提高销售成功的概率。

销售员通过询问可以及时了解客户的顾虑所在，从而有针对性地进行说服，使客户心甘情愿地购买产品。在推销中，最有说服力的语言表达方式不是陈述，而是提问。提问不但比陈述更有利于销售员了解导致客户犹豫不决的真正原因并有针对性地加以说服，而且更有利于传达销售员对自己产品的信赖，从而影响对方。合适的提问往往可以将销售过程向前推进。

3. 多用主动句

与被动句相比，主动句属于对销售有利的语言。销售员以主动句表达自己的观点，往往比被动句更能取得好的结果。比如，“目前，我们正在积极地准备新项目的开发”往往比“目前，新的项目正在积极筹划中”更利于对方接受；“我们科研所目前正在研究这几种可能性”所表达的意思往往比“这几种可能性目前属于我们科研所的研究范围之内”听起来更舒服。所以，在销售的过程中，销售员要尽量使用主动句，记住，语言上的微小差距往往会带来不同的销售结果。

说服客户，而不是逼迫客户，这是很明显的道理，但仍然有销售员把二者混淆在一起。他们认为，如果销售员表现得挑战性十足，客户就能“就范”，并购买产品。事实上并非如此，不管是语言还是行动上的逼迫，都不会给客户带来好的感受，都不能说服对方，相反只会引起客户的反感。与挑战性十足的语言比起来，客户显然更容易接受委婉、柔和的语言。

不在客户面前随意评价竞争对手

在客户面前，销售员千万不要随便贬低自己的竞争对手，总说对方的产品如何如何不好。贬低竞争对手只能让客户觉得你是一个小气、对自己公司没信心的人，从而影响你的公司，销售员应该用自己的实力来证明你们比对手强。所以应该尽量向客户展示你们的产品或者服务的优势，至于竞争对手的事情，尽量少谈或者以稍微客观的话语一笔带过。

营销小插曲

某化工公司销售员小张向某油漆厂推销了一种甲苯，结果在应用过程中出现了质量问题，于是这位客户打电话给小张，让他过来看一下。小张看了之后，发现果真是自己的甲苯出了问题，考虑到可能要赔偿巨额损失，便随便找个理由推脱了，而且一去不回。无奈之下，客户将电话打到了另一家化工公司，正好是销售员小任接了电话。

客户向小任说了基本情况：“生产出的油漆刚刷到门上就凝固了，是不是甲苯出现问题了。”

小任：“这种情况基本上都是这个原因，我想了解一下你们使用的是什么牌子的甲苯啊。”

客户：“×× 化工公司的。”

小任一听，正好是自己的竞争对手，这个牌子的甲苯在市场上长期以来一直在与自己展开激烈竞争。紧接着就听到客户开始抱怨该公司的产品以及那位销售员。

客户问：“×× 化工厂的小张是怎么回事啊？他向我提供的产品并不像曾经保证的那样。更为严重的是，我打电话让调换，竟借故溜掉。你认为他们的质量怎么样啊？”

小任似乎感到电话那头的客户非常气愤，于是先安抚了几句，就说：“这样吧，我到您那儿去看看到底是怎么回事，好吧？”

小任仔细化验后，发现里边所含甲醇严重超标，于是，小任就介绍了自己公司的产品让客户试用。

之后，这位客户对小任非常信任，便开始转而使用他提供的产品。

“您认为 A 公司 (竞争对手) 怎么样？”这是所有销售员都会遇到的客户问题。在实际销售过程中类似的情况经常发生。对此销售员正确的应对十分重要。如果此时销售员趁机攻击对手，则不仅不会赢得客户，还会失去客户的信任。因为销售员对竞争对手不尊重，就是对自己的不尊重，也不会赢得客户的尊重。

金口才的秘密

作为一个专业的销售员，应当大度、客观地评价竞争对手。对竞争对手的评价，最能折射出一个销售员的素质和职业操守。遇到客户询问竞争对手时，销售员最好以客观公正的态度进行评价，不隐藏其优势也不夸大其缺点，让客户从中获得其所需信息，感受到销售员的素质和修养。如果对竞争对手进行攻击，就会适得其反，产生负面的影响。

有时即使是竞争对手的错，也不能落井下石。作为销售员要明白，客户放弃竞争对手来寻求我们的帮助，是对我们最大的信任。这个时候销售员应该尽最大的努力帮助客户解决遇到的问题。客户的眼睛是雪亮的，谁的产品质量最好、服务态度最好，客户会有自己明智的抉择。销售员只要一心一意为客户的利益着想，终将赢得客户的心。

第十一章

会说促成话：摆平“价格战”，成交很简单

销售员在销售过程中，选择什么时候报出产品的价格是非常重要的一个环节。如果销售员的报价与客户的心理价位及市场价格相差不多，那么离该产品的成功推销已经八九不离十了。一般来说，销售工作是否成功，报价能够在其中起到绝对的作用。特别对于那些经常靠电话营销的销售员来说，报价就显得尤为重要。

多谈产品的价值，少谈产品的价格

当销售员在向客户销售产品或服务的过程中，会产生一种十分常见的矛盾，那就是客户想要以最实惠的价格购买自己心仪的产品，而销售员总是会无奈地告知客户产品的价格已经很低，没有下降的空间了。就这样，一单生意就告吹了。所以，聪明的销售员在销售产品的同时，很少提到价格，都会以产品的价值作为卖点。

营销小插曲

某菜市场，李大姐正在向销售蔬菜的张大娘询问土豆的价格。

李大姐说："前几天土豆的价格不过1块5一斤，今天怎么涨到1块8一斤了。"

卖菜的张大娘说："哎呀，这位小姐，你也不打听打听，现在所有商贩卖的土豆都是这个价钱，我一直凭着自己的良心做生意，不会胡乱哄抬价钱的。"

李大姐接着嚷嚷道："哎呀，我也不跟你废话，你卖给我1块5一斤，我要4斤可以不？"

卖菜的张大娘："这位小姐，不如这样，我最多为你让一毛钱，1块7一斤卖给你，另外再给你添几个辣椒如何？"

当卖菜的张大娘说送辣椒时，李大姐看到她摊子上的辣椒都焉了，估计好几天没卖出去剩下的，当然，李大姐也不打算买辣椒。

李大姐和卖菜的张大娘两人争执不休，就为了几毛钱整整吵了5分钟，就在这时，旁边一个卖菜小贩说："小妹，我家的土豆是今天刚从地里挖出来的，很新鲜，只卖1块7一斤，你买我家的吧…………"

后来，这位李大姐不由分说地在旁边卖菜小贩那里购买了几斤土豆，高高兴兴地离开了。其实，这位李大姐之所以毫不犹豫地选择花同样的价格购买旁边小贩的土豆，就是因为那个小贩说出了土豆的价值。

金口才的秘密

实际上，人们的生活习惯总是离不开利益的支配，如果人们发现某商品或服务的利益，就会在利益一样的情况下，会向看到价值更高的商品埋单。

价值和价格永远是两码事。在日常销售中，推销的产品应该避免谈论价格。如果你把价格放在第一位的话，那么客户就不会接受你的产品。正确的方法是，在营销中只谈论价值，不谈论价格。

优势比较法解除客户价格疑虑

当客户对产品的异议较大时，销售员可以把自己所销售的产品与同类产品做个比较分析，让客户看到产品的优势。这样做的目的就是向客户传递一种“物有所值”的潜在信息：“我们的产品是优质的”，这样便于客户自己做出选择。值得注意的是，在向客户分析价格时，销售员的语气要连贯、一气呵成，千万不要停顿，因为这样更有利于对方集中注意力去倾听。中途一停顿，对方就有可能进行反驳，当再次分析讲解时，则会大大减弱说服力。所以，销售员最好能一口气并十分流畅地对几种产品价格进行比较分析，让客户对产品更加关注。

营销小插曲

小秦是某家具商场的销售员。一位客户欲买一套组合柜，但看到这里的标价比别处的贵很多，看后准备离开，但又有些犹豫不决。

这时小秦主动走上前说："您好，想了解一下哪一款家具？"

客户："你们这里的家具为什么比别处贵这么多啊？"

小秦："我们这里卖的柜子与别处卖的不一样。您可以看看这木料、烤漆都是上乘的，还有做工方面，也是非常考究的，不仅结实，也很光亮。"

客户："从外面来看，的确有些不一样。"

这时，小秦拉着客户来到一款大型的组合柜前，展示给客户看："您看，我们的柜子比其他的要深、要大，我们的产品尺寸至少要比一般的大100毫米，放物空间大大拓展。你再看，这些拉门……"

客户听得不住地点头，小秦继续说："另外，我们这里的组合柜还做了两个抽屉，并配有暗锁，这样，如果您放一些较贵重的东西，就非常安全了，这是其他组合柜没有的功能。这一比你就知道，一般的组合柜不能与我们这里的相提并论。所以，您多花上一点儿钱是非常值得的。"

客户听了小秦的介绍后，了解到这里的柜子有这么多的优点，也就不再犹豫了。

在销售过程中，像上面例子中的客户非常多，有的销售员听到客户说"某某商店比你这旦卖得便宜时"，经常会不客气地回一句"一份价格一分货"或"哪儿便宜去哪儿买去"，这是非常不可取的。销售员碰到这样的客户，要善于运用上述例子中的方法巧妙地解决，而不是不客气地回敬对方。

金口才的秘密

通过对比，将客户视线由价格转移到优势上来。对客户提出的价格异议，销售员不要急于答复，而是要用产品优势与同类产品相比较，通过对比来突出自己产品在设计、性能、声誉、服务等方面的优势。因为产品的价格在明处，产品的优势在暗处，很多客户都是根据看到的产品价格进行的判断，而不会自行分析产品的内在价值。这就需要销售员去帮助客户分析，从而巧妙地转移客户的关注点，将客户视线由“价格”转移到“优势”上来，以便化解对方的价格异议。

如何对比才更有效、更有技巧呢？俗话说“不比不知道，一比吓一跳”“不怕不识货，就怕货比货”“货比三家”。有比较才会有鉴别，有鉴别才会买到更好的产品，每个客户都懂得这个道理。在销售中，对销售员来讲，对比法也是一种很有效的销售技巧，那么，如何将两种产品进行比较呢？这需要掌握一定的技巧，销售员要学会根据客户的需求点选择合适的比较对象：

1. 高、低档产品进行比较。

2. 新、老产品进行比较。

3. 高技术产品与复古产品进行比较。

对比一定要有明确的参照物。将产品进行对比，不是去臆想一个产品，而是拿实实在在存在的某个产品进行对比，这样更有说服力。比如，销售员在向客户进行产品对比时，就要明确强调产品的品牌、生产厂家、生产日期等，这些关键的字眼都会让客户信服。

有技巧地报价，别一下把客户吓跑

在销售过程中，销售员在向客户介绍产品时，报价是非常重要的一个环节，这也是很多销售员面临的一个最重要的问题。报价既不能太高也不能太低，一旦不符合客户的心理价位，极有可能遭到客户的拒绝。报得太高客户会认为你漫天要价，太低又会损害公司的形象和利益。所以从某种程度上说，报价直接决定着销售的成败。

营销小插曲

小丁是一位模具制造机器供应商。当时他卖的一种机器市场价是 2 万元。他直接向一位客户报价 2.2 万元。对方嫌高，一再要求小丁降价。而小丁已经提前意识到会有这种情况，但由于考虑到自己的报价和市场价之间只有 2000 元的降价空间，因此也没有轻易松口。

小丁对客户说：“您的状况我了解，我也感觉到了您的诚意，但是，我只能为您优惠 500 元。”

“500 元？不，现在的价格远远高于我们的预期，而且我们财务规划里，并没有这么多资金。”

“我们也不是第一次合作了，我会尽力配合你的工作。但是说实话，产品的价格也不是由我个人说了算，在我的权力范围之内，我向公司申请一下再为您优惠 300 元，怎么样？”

“不，还是有点高，我感到你的诚意不够，如果你再降 200 元，就不用你们麻烦了，我直接签约。”

“看您也是爽快人，我自己做主为您优惠 200 元，就算我交您这个朋友了。”最后双方签订合同。

由此可见，销售员在与客户谈论价格时一定要有高超的技巧。有经验的销售员都知道，报价是有一定技巧的，只要掌握了，很多时候就可以转危为安，让客户心安理得地接受。

金口才的秘密

在日常销售中，报价时要掌握以下几个要点：

1. 对客户有深刻的了解

报价，首先需要对客户有个全面深刻的了解，也就是说，销售员要知道你在向什么人销售。比如说，客户公司的采购部门分为采购经理和采购主管，或者其他职位的人。虽然同属一个部门，但是由于决策权不同，在面对经理和主管时报价就应有所不同。如果直接面对采购经理，销售员就可以报得低一些；如果面对的是采购主管，则报得要相应地高一些，因为按照正常流程，采购主管在得到报价后，要经过采购经理审核或再报价。当销售员没有找到主要决策人时，报价往往是无效的。所以，销售员必须对客户有一定了解之后，才宜做出决定，做到报价有的放矢。

2. 报价要给谈判留有余地

销售员在与客户谈判时，往往不知道对方的底价，所以，也不宜报出最低价，把价格压到底线。因为任何一个客户都会针对产品的价格展开一番争论，对方谈判的目的就是降低产品的价格，即使你报的价格都是合情合理的，对方也希望做出让步。而在争论的过程中，销售员需要做出让步。因此，报价一定要给自己留有空间，以便应对可能出现的问题。

3. 掌握具体的价格谈判方法，灵活运用

销售员与客户之间的交易，某种程度上讲，就是在讨价还价中实现的。所以，销售员不要怕客户的价格异议，唯一要做的就是训练自己的报价技巧，灵活应对，有“方式”地报价。

让客户知道多花的钱很值得

当与客户进行沟通工作的时候，销售员怎么做到使自己推销的产品既不用降低价格，又能让客户购买呢？答案只有一个，那就是掌握与客户沟通的销售技巧，一定要让客户在心里明确产品的性价比很高。

营销小插曲

一位女客户来到手机卖场选购手机，她转遍了卖场里的所有柜台，最后在一个知名品牌的手机专柜前停了下来，对着几款手机看了起来。

销售员："您好，这几款手机都是今年的新款，销售得非常不错。"

客户："是不错，我也看上这款手机了。哎呀，不过这也太贵了。"

销售员："这款手机是刚上市的新款，颜色鲜艳，又时尚大方，功能还非常多，用起来又方便又新潮，价格当然会更高些啊。"

客户："可是比别的手机要多出1000多元啊，差得也太多了。"

销售员："贵当然有它贵的道理了。这款手机已经上过广告了，你没看到吗？无论是外观还是功能，都相当吸引人。好手机当然要贵一些了。"

客户："很多手机都有类似的功能啊，再贵也不应该贵出那么多啊。"

销售员："这个我们也没有办法，手机定价都不是我们说了算的。况且您说的那些手机款式哪有这么漂亮啊？"

客户："看了其他的都觉得没有这个漂亮，真的不能再便宜些了吗？"

销售员："是的，小姐。我们的价钱已经相对很低了。如果您觉得贵的话，可以看一下这边的，这些都是近几年的款，这些相对来说便宜一些。"

客户：“是吗？那我还是再考虑考虑吧。”

解决不了关键问题，那么销售工作就很难顺利进行。对于那些嫌贵的客户，销售员如果不能让其明白“一分价钱一分货”的道理，那么想要成功销售是很难的。因为客户有时候会觉得你的产品和价格不符，也就是产品质量虽然好，但是价格还是过高。这个时候，销售员缺乏耐心、不积极引导客户，是销售失败的一个主要原因。针对以上情景，销售员可以参考以下做法：

客户：“是不错，我也看上这款手机了。哎呀，不过这也太贵了。”

销售员：“您的眼力真不错。如果是我也会觉得有点贵，但是这款手机之所以价格相对较高，是因为它不仅具备非常多的功能，而且颜色鲜艳，外形时尚，款式设计新颖、不俗套，看起来非常有品位。如果您了解它的这些优点，那么，这个价格绝对是划算的。”

客户：“可是比别的手机要贵出 1000 多元啊，差得也太多了。”

销售员：“1000 多元钱的数目是不少，但是小姐，您说的那款手机表面上看起来与我们这款手机类似，但它们还不是一个档次的产品。我们这款手机定位高端市场，是专门为像您这种有品位的人士设计的。”

客户：“产品倒是不错，我挺喜欢的，不过就是价格太贵了。”

销售员：“这款手机价格的确是比其他型号贵一些，但是对于同类刚刚上市的新款手机来说，还是相对较低的。”

客户：“嗯，你说得倒也是。”

客户自己边看边点头。

善于抓住问题的根本，才能快速解决问题。想要卖出价格高、质量好的产品，销售员就要想办法让客户明白“一分价钱一分货”的道理，让客户认识到产品的价格与质量相比并不贵。

在与客户探讨价格时，销售员一定要让其明白“一分价钱一分货”的道理。虽然很多销售员都试图通过解释让客户明白这个道理，但是有些时候却适得其反，不仅没有向客户解释清楚，反而降低了客户的购买热情。这是因为销售员在说服客户时不注意方法，只是一味地强调产品的质量，不能客观地向客户说明产品质量与价格的关系，因此造成客户流失也就在所难免了。

金口才的秘密

在具体销售过程中，销售员应该如何让客户明白“一分价钱一分货”的道理呢?

1. 为客户计算性价比

性价比已经成为越来越多的客户购买产品时考虑的重要因素，无论产品价格高低，客户都希望通过衡量产品的质量、价格、使用寿命等来考虑产品的性价比。然而有些时候，在客户计算性价比时常会受到不同程度的限制，例如对产品的性能不够清楚，忽视了一些重要的细节等，因此也就可能对所购产品的价格提出质疑。

所以，销售员想要尽快消除客户的错误理解，就要准确、及时地传达给客户与产品质量相关的信息，尽量让客户全面地了解产品质量，并以此为基础为客户计算出性价比，让客户一目了然地看到产品的质量与价钱之间的内在关系，消除其对于价格的质疑。

2. 用事实说话

对于那些质量优质的产品，销售员仅仅利用解说也许并不能让客户完全了解，有时销售员一番解说下来，也许客户会说“谁不说自己的瓜甜啊”。这的确让一些销售员不知如何是好。俗话说：“事实胜于雄辩。”再好的解说也比不上事实的力量，只要销售员用事实说话，那么就不愁卖不出好产品。

在销售过程中，所谓的事实并非权威证书或者一纸公文，只要销售员让客户多一些实际体验，让客户从内心体会到产品质量的优越性，就完全能够消除其嫌产品贵的心理了。

盲目报价，很容易导致销售的失败

没有搞清楚对方的底线就盲目报价，很容易导致销售的失败。所以，报价之前一定要先与客户沟通一下，先对其有一个基本的了解。

对于一些客户来讲，需要直接报价，而对于另一些客户来讲就必须先对其进行试探，对其有一定的了解之后，再采取有针对性的策略来报价。其实，大部分的客户都会先对产品的各项指标和规格有一定了解之后再询价。由此，销售员应该满足客户的这种心理，在与客户谈判的过程中，先搞清客户的真实情况，然后再根据对方不同的情况来报价。

营销小插曲

一位客户走进木雕店，看着一个小型的木雕，然后又看看价格，对销售员说：“这个木雕多少钱？”

销售员走过来说：“上面有标价。”

“两万？”这位客户十分惊奇地问。

“您认为值多少钱？”

“我对木雕已经有多年的研究了，从没见过这么昂贵的木雕。”

“那您认为这是什么样的木材呢？”

紧接着，客户就讲起了多种木雕的材料类型，什么材料有什么优缺点等，并且对这款木雕的工艺进行了一番评价。销售员立刻对这位客户刮目相看，认为这是一位行内“专家”。通过一番对话了解，销售员立刻给这位客户打了个八折，“最低了，我卖您 1.6 万元，您是我这个小店开业的第一位客人，结个缘，明天带朋友过来看看。”

客户耸耸肩，表示只能出 1.5 万元。

经过讨价还价，最后以 1.5 万元成交。

对于销售员来讲，报价并不是那么简单，为了不引起客户的疑虑，千万不可盲目报价，太高或太低都不利于自己的销售，这里最重要的一点就是要根据客户的具体情况而定。

金口才的秘密

为了不盲目报价，销售员应该懂得以下技巧：

1. 先说一些产品的优势

有很多客户对某个产品并不了解，不知道产品的价格，也不知道产品的规格标准。他们可能只是出于某种需要才来购买的。对于这种客户，销售员一定不要提前报价，因为此时的焦点并不在产品的价格上，而是在产品有什么优势上，能满足对方什么需求。这时，销售员一定要把产品的优势清楚地介绍给客户，这样做有以下三个方面的好处：

（1）能够增加客户对公司、对产品的了解和认识。

（2）为接下来的正式报价做一个好的铺垫，打下基础，一旦客户对产品优势有所了解之后，就可以趁机更加“适当”地报出价格来。

（3）通过介绍产品，引导客户说出更多的“内部信息”，以便更多地了解客户需求，从而报出更有针对性的价格。

2. 第一次报价非常重要

在销售的报价环节，销售员要十分重视第一次报价的准确性，既不能太高，也不能太低。报价过低对于自己来说不划算，而且很难再有提价的机会；报价过高超过了客户的心理预期，客户会被吓住，失去销售机会。

比如，客户对某个产品的心理价位是 1 万元，这个产品的真实价位也在 1 万元左右，如果销售员第一次报价就是 2 万元甚至更高，此时大多数客户会选择退出，甚至连讨价的心思都没有。因为他们感到，再讨价还价也不会低于他们的心理价位。这种报价方式在很大程度上会给客户造成“误解”，认为这个产品不会降到 1 万元以内，而事实上并不这样。

3. 学会模糊性报价

有的客户在谈论产品的时候，连产品都没搞清楚，就会直问价格，而且不断地砍价。对于这样的客户，销售员可以直接相告，但是一定不能太明确。比如，当客户问电子防潮柜多少钱的时候，销售员可以这样回答：“我们的产品有四大系列共 50 多个品种，价格在 480 ~ 25000 元不等，请问您问的是哪个款式？什么规格的？”

在不了解客户是否有真正购买意图的情况下，销售员可以模糊性报价。模糊性报价既可以巧妙地回答客户的问题，又可以为接下来的沟通留有一定的余地。

4. 重新调整价格，让客户有享受到优惠的心理感受

比如说，某产品的底价是 4000 元，客户的心理预期是 5000 元，而销售员的报价是 8000 元。鉴于这种情况，就需要调整价格，重新报价，调整在 5000 元左右。

双向托底，让客户无法拒绝

在销售时，有些客户问问题是在考察销售员，他们想知道销售员将在本次交易中获利多少。这时在利润问题上给客户一个交代，告之“你赚了多少，我赚了多少”，也可以促进销售的成功。销售员使用“双向托底”技巧，可以让客户感觉到你们在平等地分享成交的好处，从而心甘情愿地购买产品。下面来看一个销售实例。

营销小插曲

销售员："张经理吗？我是王可，家具地板城的。您想起来了吧？您到我们这儿来过好几次了。"

客户："噢，想起来了，你说吧，什么事？"

销售员："是这样的，通过前几次和您的接触，我感觉您一定是一位正直的人，我想请您帮个忙……"

客户："什么忙？"

销售员："那我就直说了吧。像我们这种高级地板，您也看了我们专卖'丰木'这个牌子。到现在我这个月就卖了两笔，共卖了36平，挣点儿钱仅仅够交门市费的。老板虽然没怪我不会卖东西，可整天给脸色看。我自己也想，没帮老板挣到钱，心里也不好受。"

客户："是啊，现在生意难做，都下岗，装修有几家用得起'丰木'这种牌子的？"

销售员："我觉得您可能有消费的实力，所以才冒昧打这个电话请您帮忙。"

客户："我还没想好……"（明显能够感觉到客户虽然在拒绝，但因为自己的消费能力被别人认可，话语变得轻快起来）

销售员："您别急，我知道您在犹豫什么，您一定是嫌贵。不过我已经想好了，与其在这里饿死，不如和您交个朋友。我卖地板，中间和老板也有一个提成。我这提成也不要了，您就当帮我一个忙，您就在我这里买，我卖出点儿东西心里也踏实。您看行吧？"

客户："好吧。"

这里，销售员使用的就是"双向托底"的技巧，这个技巧的好处是既向客户回答"你得到多少，我赚了多少"这个问题，又使客户无法说"不"。其实，客户在销售员进行"双向托底"的过程中也在"掂量"销售员话语的"含金量"，所以好的销售员在这个问题上会给客户一个好的交代。因此，在你游说时要熟知于心，一方面是客户可以赚得的实际好处，包括利润与追加的服务等；同时，你也要留心回答客户的另一个问题：“你给了我这些，而你赚到了多少？”

客户：“嗯，这个价格其实也很高，跟你说，我买了这么贵的地板，还真有点心疼。180块一平方米，你说呢？”

销售员：“张经理，您要是再这么压价我可只好把自己的600元工资贴给您了。您就当帮帮我，这都快到月底了，您要下个月来，我可能就不在这了……”

客户：“嗯，不过，我得跟我爱人商量啊，明天给你信儿好不好？”

销售员：“没问题！您是要50平方米是吧？我一定给您挑好的留下来。”

客户：“好吧！那我明天下午去你们店面吧。”

销售员：“好嘞！不见不散。”

销售员在这次谈判中就很好地运用了“双向托底”的技巧，先是用生意难做和自己的捉襟见肘来获取客户的同情心，然后明确告诉准客户：愿意把自己赢得的那一部分利润“让利”给客户，目的只有一个：交个朋友，赢得一个回头客。当客户意识到自己既能拿到更便宜的货，又做了顺水人情，他何乐而不为呢？

金口才的秘密

有些客户购买产品，并不只是看重了产品的服务和价格，还有可能是由于对销售员特别欣赏的原因。如果产品在以后出现了什么问题，客户首先找的不是公司，而是销售员本人。实施“双向托底”的技巧，会让客户更感到你是一个实在人，跟实在人打交道他们感觉放心。在向客户“双向托底”的过程中，如何让客户感受到你的实在？这里介绍三个技巧。

1. 告知成本

告知成本就是说，你需要为客户准备一个新的账本，把每个项目的具体成本都详细列出，在向客户介绍产品时，暗示客户：“我这是和你关系好，在向你透露公司的成本，你已经狠赚了一笔！”

2. 告知生产过程

告知客户产品的生产过程就是让客户了解到与产品有关的生产流程上的一些信息，这也是“双向托底”的一种。这样客户会感到其实销售商也“赚不了多少”，这样，客户的心理就会感到一些平衡。

3. 告知客户自己的付出

委婉地向客户透露其实“做销售也是很辛苦的”，同样可以虏获客户的同情心或称同理心。不过运用这个技巧有两个忌讳：如果自己的收入稳定、提成颇丰，不能流露出沾沾自喜、洋洋得意的神情；如果自己是销售新人，不能在客户面前流露出待遇太低很不愿意做销售的落魄神情。

用价格细分的方法淡化价格的“贵”

用价格细分的方法淡化价格的贵是处理价格异议中非常实用的一种方法，无论销售人员销售的是什么样的产品，都可以用价格细分的方法给客户算一笔账，让客户觉得物超所值，从而选择你的产品。

营销小插曲

销售人员：“您好，王先生，冰箱您已经仔细看过了，您觉得我们的冰箱怎么样？”

客户：“冰箱的确是挺不错的，就是价格太贵了。”

销售人员：“您所说的贵指的是和市面上的同类产品相比吗？”

客户：“对呀，市面上跟你这差不多的冰箱只需要1800元左右，可你们的冰箱却卖3000元，差1000多元呢。”

销售人员：“从您这个角度看，我们的产品确实很贵，但是，我有必要强调一下，我们这个价格并不单单是冰箱的价格，还包括送货、保养以及日后维护费用。而您看到市面上1800多元的产品其实仅仅是冰箱本身的价格。”

客户：“可是，这也不能差1000多元钱啊。”

销售人员：“您只有在使用的过程中才会发现，我们其实是在帮您省钱，如果您买1800多元的冰箱，后期的花费反而会更多。”

客户：“为什么这么说？”

销售人员：“我给您算一笔账，我们公司为客户提供免费送货上门调试服务，这样您能够节省500元；五年内，我们公司还提供免费上门维修和保养服务，这样就可以延长冰箱的使用时间。而您购买市场上同类产品的话，现在是能节省1000元左右，可是冰箱后期得不到良好的保养，使用时间就会缩短，如果出现什么问题，还要自己出钱修理。您说哪个比较合算……”

客户：“如此算来，还真是这么回事。”

销售人员：“那您还要不要考虑一下呢？”

客户：“不用了，就买你们家的吧。”

金口才的秘密

在现实销售中，如何运用价格细分这种方法呢？下面几种方法可以借鉴。

1. 将价格化整为零

将价格化整为零主要是把客户无法接受的高价位，分解成不同细目的、客户心理上可以接受的价位。

“您刚听到这个价格觉得太贵了，不能接受，其实这个价格是包含运送费、安装调试费、测试费在内的，其实产品本身的价格并没有那么高……”

2. 帮客户算一笔账

可以帮助客户算一笔账，做个减法或者除法，就可以得出客户花费其实并不多的结论。在总价不变的情况下，诱导客户购买产品。

“我们的产品价位看起来是高了点儿，不过无论是品牌还是做工，以及技术含量在同行业里都是领先的。同样是汽车，大众总是无法跟奔驰比，而且像您这样身份地位的人士，也只有这样的产品才配得上您的气质。”

价格是决定交易成败的最后环节，也是不可忽视的一个重要环节。而解决价格异议最好的办法就是用价格细分的方法淡化价格的“贵”，并且告诉客户你的产品能给客户带去什么样的好处，客户心中的壁垒被打开了，成交就是唾手可得的事情。

第十二章

会说挽留话：说服说到位，使拒绝变契机

很多的销售人员在销售工作中都遇到过无数次的拒绝或者投诉，甚至由于客户的拒绝或者投诉还吵过架。但也不难发现，一些拒绝过或者投诉过自己的客户，最终还成了真正的客户。

在客户抱怨时先耐心倾听

客户对销售员或者产品不满的时候就会抱怨，任何一个销售员都会遭遇客户的抱怨。然而在面对客户的抱怨时，有的销售员置之不理，能推脱就推脱；有的销售员视抱怨如洪水猛兽，一旦遇到抱怨就怀疑自己的能力和产品的质量。其实客户的抱怨也是一把双刃剑，销售员不能只看到抱怨给自己带来的麻烦，更应该看到妥善处理抱怨后给自己带来的好口碑。

营销小插曲

德第蒙德尼龙公司是一家世界服装行业毛料供应公司。他的创始人德第蒙德亲身经历过这样一件事：

有一天早上，德第蒙德尼龙公司的客户汉尼怒气冲冲地闯进了德第蒙德的办公室，因为德第蒙德公司信用部接连给他发了好几封催款函，要求他归还拖欠的 15 美元。尽管他不承认有这笔欠款，但德第蒙德公司知道确实是他错了，所以坚持要他还款。

下面是德第蒙德和汉尼的对话：

德第蒙德："你好，汉尼，你怎么来了？"

汉尼："太过分了！我不但不会支付那笔钱，而且今后再也不会订购你们公司的任何货物。"

德第蒙德见汉尼的火气很大，于是就没有说话，而是微笑地倾听。

汉尼："我和你们做了这么多年的生意，竟然还会欠你们 15 美元……我可不是一个喜欢赖账不还的人。"

在汉尼抱怨的过程中，德第蒙德有好几次都想打断对方来为自己解释，但是他知道那样做并不能解决问题，所以他尽情地让汉尼发泄。

当汉尼怒气消尽时，德第蒙德才开始平静地对他说：“你到芝加哥来告诉我这件事，我应该向你表示感谢。你帮了我一个大忙，因为我们信用部如果让您感到了不愉快的话，那么他们同样也可能会使别的顾客不高兴，那对我们来说可真是太不幸了，一定是我们的工作方式出了问题。所以，你一定要相信我，我比你更想听到这件事。”

本来是想和德第蒙德大吵一番的，可是德第蒙德不仅没有和他争吵，反而还向他表示了感谢，这当然大大出乎了他的意料。

德第蒙德告诉汉尼说：“我们要勾销那笔 15 美元的账，并忘掉这件事。因为你是一个很细心的人，而且只是涉及这一份账目；而我们的员工却要负责几千份账目，所以和我们的员工相比，你更不会出错。”

听他这么一说，汉尼就更不知如何回答德第蒙德了。德第蒙德又告诉汉尼：“我十分清楚你的感受，如果我处在你的位置，我也会和你一样的。既然你以后不想再买我们的产品了，我就再给你推荐其他几家公司如何？”

汉尼感到更不好意思了，就没说什么话。以前每当汉尼来芝加哥时，德第蒙德总是要请他吃饭，所以那天他照例请汉尼吃午餐。汉尼也勉强答应了。为了回报德第蒙德的宽厚对待，临走时汉尼却订购了比以往多出许多倍的货物。

汉尼回到公司后，她特意检查了一遍账单，结果却找到了那张 15 美元的账单，原来是自己弄错了，汉尼心里感到非常羞愧。于是，他立即把欠款给德第蒙德公司寄了过去，并向德第蒙德先生表达了他的歉意。从此以后，汉尼就成了德第蒙德最要好的朋友。

金口才的秘密

面对客户的抱怨，销售员妥善应对，将会带来意想不到的惊喜。

1. 倾听是面对客户抱怨的第一步

客户的满腹牢骚需要一个途径去发泄，因此在客户表达自己的抱怨时，销售员首先要做的就是耐心倾听。

有很多销售员在听到客户的抱怨时会不由自主地解释，但是贸然打断客户的抱怨只能加剧客户心中的不满，不会给自己的销售工作带来一点儿好处。让客户畅快淋漓地说出自己的抱怨吧，销售员只要竖起耳朵听就可以了，在听的过程中销售员还应该鼓励客户说出自己所有的不满，为接下来解决问题提供依据。

销售员在倾听客户的抱怨时要表现出真诚的态度，这样才可能重新赢得客户的信任。如果你心不在焉，很可能会引发客户更多的不满。

站在客户的角度考虑问题，才能找到客户抱怨的原因。销售员一方面要迎合客户的心理，让他完全释放内心的不满；另一方面也要找到问题的根源，让客户感受到更人性化、更高效的服务。

在倾听客户抱怨的时候最好能保持微笑，因为微笑能缓和一切矛盾。即使客户在表达抱怨的时候情绪激动、语言过激，销售员的微笑也能熄灭客户的怒火。因为伸手不打笑脸人，只要你笑脸相迎，相信客户也一定会平稳自己的情绪，冷静地解决问题。

2. 解决问题是倾听抱怨的落脚点

客户之所以向销售员抱怨，就是希望得到一个满意的答复。如果销售员不能及时解决客户抱怨，那么客户的不满情绪会更高涨。因此，销售员在倾听客户的抱怨之后一定要及时拿出解决方案。

销售员在倾听客户抱怨的时候不能只是单纯地听，还要积极地思考，认真收集所有的信息并进行分类整理。当客户抱怨完时，销售员就要拿出一个合理的解决方案。销售员主动解决问题要远远好过被动地解决问题，如果销售员在听完客户抱怨后敷衍塞责只会让问题变得更糟。

销售员在回访客户的时候，可以主动要求客户反映产品使用中所遇到的问题，鼓励客户积极说出产品的不足。然后根据客户的回馈不断改进并提高产品和服务的品质，将抱怨变成了商机。这种做法非常好，既让客户感受到自己受到了重视，又能提高自己的产品形象。

在解决客户抱怨时，销售员最不能做的一件事就是推卸责任，无论原因在谁，销售员都要以客户为重，尽量帮助客户解决问题。如果责任在于己方，销售员一定要在能力范围内，满足客户所有的合理要求。这样做的好处不仅仅能挽回客户，还能吸引更多的新客户。

客户还能提出抱怨则说明他还愿意相信你，还希望继续与你保持合作，如果客户完全丧失了信心，就会保持沉默。客户的抱怨能够让销售员了解自己的服务和产品有哪些差距，进而帮助销售员指出改进的方向。

如果一位客户的抱怨得到了满意的解决，他会把这次满意的经历告诉周围的人，这就给你带来很多潜在的客户。根据有关研究，一个人至少可以影响 27 个人左右。还有据专业研究机构研究表明，对客户抱怨的圆满解决，其广告效应比媒体广告效应高两到三倍。你还在害怕客户的抱怨吗？圆满解决客户的抱怨会给你带来更多的机遇。

客户否定产品时该如何应对

客户异议往往成为阻碍销售成功的重要因素。特别是当客户提出不合理异议时，一些不够理智的销售员就可能通过直截了当的反驳来维护自己的利益，希望能端正客户的观点。但是这种做法无一例外地会使销售在双方的争执中迅速结束。销售员虽然据理力争地为产品辩解，但与此同时客户却流失掉了。

当客户提出异议时，如果直接遭到销售员反驳，他很容易产生不良情绪，对产品也就很难感兴趣，甚至还会对购买环境和销售员产生厌恶感。这样一来，即便产品再好也很难吸引客户的注意。因此在客户提出异议之后，销售员要尽量避免与客户直接发生冲突，不反驳、不顶撞客户，即便客户的异议真的不合理，销售员也不能直接否定。

营销小插曲

大学毕业的张悦到一家医疗器材公司做销售，在一次医疗器械展会上遇到这样的一个客户。

张悦："阿姨您好！您有时间了解下我们的按摩椅吗？"

客户："好吧！你给我介绍介绍。"

张悦："是这样的。这款产品是我们公司刚推出的按摩椅，刚刚投入市场。它能缓解疲劳、改善睡眠，对慢性病有辅助康复作用，很适合腰颈椎不好的患者，也很适合压力大的年轻人。"

客户："这个牌子我见过，这是你们公司生产的吗？"

张悦："是的，这是我们公司今年刚研制的新产品。阿姨您以前用过我们的其他产品吗？"

客户："听说过，没用过。不敢买！"

张悦："怎么？"

客户："我有个朋友，买过一个腰部护理器，没几天就坏了。而且效果不好价钱也贵。"

张悦："阿姨，这不可能。我们公司推出的产品从来没出现过质量问题，有很多腰间盘突出的患者用了之后，都说很好，您看这是产品质量鉴定书和用户反馈意见……"

客户："算了，我还是看看别家的吧！"

销售员直接否定客户，就如同有一把大刀将销售工作拦腰截断。一旦对客户直接反驳，销售工作就很难再开展下去，再做多少努力也将无济于事。特别是对于那些刚刚入职的新销售员，这种情况就更为常见。

我们来看一个正确的应答技巧：

客户："听说你们的产品质量经常出现问题，而且价钱也很贵，我们可不敢买。"

销售员："原来您担心的是这个问题啊。其实您的担心很合理，如果是我也会这样想。但是我想您应该知道有很多谣言都不符合真实情况，我们的产品也深受其害，所以在国内的口碑不太好。其实我们的产品质量相当好，在国外的销量也是非常可观的。"

客户："谁都说自己的瓜甜。你们的产品我不敢买。"

销售员："您的心情我能理解，因为我在购买一些产品时也曾有过这样的心理。但是在听取了销售员的介绍并通过亲身体验后，我发现有很多情况都存在出入。如果您能亲身体验一下，我相信您一定会改变想法的。"

客户："是吗？那我试一下。"

以实事求是的态度倾听，用婉转迂回的方式沟通，是优秀销售员在面对客户提出异议时经常使用的方法。使用先肯定后否定的迂回战术，销售员既表达了自己的观点，又不伤害与客户之间的关系，销售工作自然能继续开展下去。

当客户提出异议时，销售员一定要注意言辞和语气，尽量不与客户发生正面冲突，而要使用温和的沟通方法说服客户，营造轻松良好的销售氛围，这样销售工作才能进一步展开。

金口才的秘密

在销售工作中，如果遇到客户提出错误异议，作为销售员应该如何来做呢？

1. 以理服人

需要注意，在与客户沟通时销售员要时刻注意语言的逻辑性和层次性，使用委婉的语气和真诚的态度清晰明了地为客户解答，这样才能达到以理服人的目的。

2. 保持友好诚恳的态度

客户提出错误的异议难免会让销售员感到不快，但是无论这些异议多么不切实际，销售员都不能直截了当地否定，而是要拿出销售员应有的热情和诚恳，耐心地与客户沟通。在与客户展开沟通之前，销售员最好将自己的观点在头脑中梳理一遍，剔除掉那些不够委婉的语句，将语言组织得完整、易于被人接受，然后放平心态，以真诚的态度面对客户。

3. 向客户拿出事实

俗话说“事实胜于雄辩”。拿出事实比单纯地辩解更具说服力。客户之所以提出不切实际的异议，大多是因为被虚假信息所蒙蔽，或是听信他人的谣言。对于这样的客户，最好的方法就是拿出事实，用真实、准确、全面的道理和证据来说服客户，指出客户的错误观点。不论是权威认证、精确的数据，还是让客户亲身体验，都能在很大程度上起到说服客户的效果。

正确对待客户的拒绝

销售人员被客户拒绝是再平常不过的事情了，有时候还没有开口就被客户拒之千里之外，有时候是投入了大量的时间和精力之后，本以为势在必得，却还是惨遭拒绝。被客户拒绝的因素有很多，可能是因为客户没钱、没时间，也可能是因为销售人员自身的业务素质不够。我们要从客户的拒绝中吸取教训，避免陷入低潮，影响到后续的工作。

被称为“全球第一金牌销售员”的雷德曼曾经说过：“推销，从被拒绝时开始。”经历过被拒绝，销售员才能够走向成功。学会处理好与拒绝自己的客户之间的关系，销售员才有可能获得更多的销售机会。

营销小插曲

一位保健器材公司的销售员正在通过电话拜访一位客户。

销售员："您好，先生，上周您来我们公司看的那种保健床，您觉得怎么样啊？"

客户："功能还可以，但是床板太硬了，对我不太合适。"

销售员："但是您上周不是还说这种保健床正好可以帮您支撑腰部吗？这床不是正好适合您吗？"

客户："医生说床太硬了，可能不利于我的康复。"

销售员："但是上周我们已经谈好了，您不是说很适合您吗？怎么这么快就改决定了。"

客户："不合适就是不合适。"

销售员："但是依我所见，这款床对您来说再合适不过了啊。它有非常好的保健功能，保证您用上之后病会好得更快。"

客户："不用了，你怎么没完没了的。我的医生会帮助我想办法的，用不着你操心。再见！"

销售员："你什么态度，哼！"

当遭到客户的拒绝之后，销售员难免或多或少会有一种失落感，一个眼看就要实现的交易就这样泡汤了。一味地企图挽回要失去的销售是当今

不少销售员都在用的“客户挽留法”，但在很多时候，这种方法恰恰成了破坏销售员与客户之间的关系的导火索。如上述情景中所描述的那样，销售员过于急切地希望客户购买自己的产品，疏忽了客户的心理变化和真实需要，从而使自己与客户之间的关系陷入了僵局。对于销售员来讲，无论你介绍给客户的产品有多好，拒绝都有可能成为客户回应你的方式。如果你仅仅注重结果而忽略了销售过程，销售往往很难取得成功。

对于以上的场景，销售员可以这样回应：

客户：“是啊，但是医生说床太硬了，可能不利于我的康复。”

销售员：“是这样啊。医生的话还是非常重要的。可能我们的这款床对你来说确实是不太适合。”

客户：“是啊。适合我的床还真是不太好找。”

销售员：“您不要着急。我们公司推出的保健床还有很多种，以前的旧款保健床也都不错，并且很快我们公司又要有一种保健床投入市场了。您看这样如何，我可以在众多款床中为您选一些对您比较适合的，把资料给您发到邮箱里。另外新保健床问世后，我也会第一时间告诉您，等您觉得有您满意的床款时再过来看，怎么样？”

客户：“好，谢谢你。如果能在你们公司找到合适的床，我也就不用跑那么多家了。”

销售员：“为客户服务是我们的职责，希望您对我们公司多多关注。”

在销售中遭到客户拒绝时懂得与其保持良好关系，并善于审时度势，及时调整与客户之间的对话方式和方向，始终留给客户一个和善而礼貌的印象，是一个销售员应该具备的基本素质和能力。像以上情景中所描述的对话，可能表面看似乎没有什么结果，但是销售员良好的态度和周到的服务无疑会给销售成功创造更多的机会。销售员能够保持与客户的良好关系，离取得销售成功也就不远了。

金口才的秘密

在遭到客户拒绝时，销售员想办法接近客户，并与客户形成良好关系，是取得销售成功的重要做法。只要保持良好的关系，就有交易的机会。所以，作为销售员务必要学会在遭到客户拒绝时正确、合理地处理办法，不要与客户伤了和气。

在实际销售过程中，销售员应该怎样面对和处理客户提出的拒绝呢？

1. 摆正心态，把拒绝看作一种常态

面对客户"多种多样"的拒绝，常有一些销售员表现得垂头丧气、失落无比。其实在购买产品时，客户经常会习惯性地拒绝，这是销售的一种常态，也许当客户认为产品真的很适合自己时，就会马上做出认可的姿态。

美国一家咨询机构曾经对近5000名销售员的客户拜访记录做了深入的分析和调查，结果显示，在所有的销售谈话记录当中，有高达62%的客户说出的理由都不是拒绝销售的真正理由！所以，销售员不必将客户的拒绝太放在心上。

俗话说，"胜败乃兵家之常事"。在销售过程中，拒绝可以说是客户的一种常见的回应方式。如果一个销售员总是对客户的拒绝抱有消极的态度，那么在他接下来的销售工作中也很难取得实质性的进展和突破。

有一句名言说，"越是认为你行，你就会变得越高明，积极的心态会创造成功"。积极的心态是指引人们走向成功的指路灯。一个销售员只有时刻保持积极的心态，不被一时的失意所打倒，才能最终获得好的销售业绩。

2. 换位思考客户拒绝的原因

客户拒绝销售员的销售，或多或少都有这样那样的原因。因此当遭到客户拒绝时，销售员要做的不是转身就走，更不是恼火、失落，而是要耐心仔细分析客户拒绝购买的原因，只有在获知了客户拒绝购买的真正原因后，销售员才能采取最有效的解决措施。

不管是因为客户的时间紧，还是资金周转不灵，或是对产品缺乏足够的信任，这些原因都是销售员改变销售策略、转变销售方向的重要参考依据。所以，销售员在遭到客户拒绝时要善于观察，从客户的表情、言语、态度、行为中获得对自己有用的东西，然后再根据掌握的情况确定接下来的行动。

3. 在拒绝中寻找机会

对销售员来说，遭到客户的拒绝无疑是实现销售成功的一大障碍。但是在遭到客户拒绝时，销售员还是需要一如既往地给予客户足够的注意和照顾。因为在客户对你拒绝的过程中，就蕴藏着很多有利于取得销售成功的机会。例如，客户拒绝的话中总是或多或少地带有个人的实际需求和对产品的一些理解，通过分析客户的话，销售员对产品和客户心理的把握可以说又得到了完善。所以，客户的每一次拒绝都是在为销售员制造更加成熟的销售机会。

想要最大限度地获得成功销售的机会，销售员就要善于把握自己与客户之间的关系，多倾听客户的需求和想法。即便是客户的态度不好，销售员也需要保持平和的态度，运用友善的言辞，使客户看到一个形象好、素质高的销售员，这不仅对于客户改变先前的看法有一定的帮助，而且也有利于销售员维护自我形象。

无论客户怎么想、怎么做，销售员都要记住与客户保持友好的关系。好的态度不一定会促成一笔买卖，但是不好的态度肯定会让你失去一个客户，甚至是更多的客户，在销售中，没有什么比积累客户更加重要的了。

真诚是化解问题的良药

真诚是人们在商业活动中必备的素质之一，在任何场合都是需要的，处理客户异议也不例外。真诚地对待客户，从客户的角度出发，才能更好地看清楚客户异议的问题所在，然后再合理地帮助客户解决问题，就很容易获得客户的认同，促成交易。

营销小插曲

小周是某软件公司的销售员。几天以前，他通过电话向一位客户推销过公司的产品，但是没有结果。这天，小周再次拜访了这位客户。

销售员："您好！我是 ×× 软件公司的小周。"

客户："你好，对不起，我忘记了我们什么时候通过电话。"

销售员："几天前与您通过电话了，我今天是想来专程为您介绍一下我们的产品。"

客户："哦，不过我们在这方面有固定的合作伙伴，他们的产品我们很满意。所以，我们就不用谈了吧。"

销售员："……"

销售员与客户沟通时，被拒绝的原因多种多样，但无论什么原因，销售员都要用真诚的态度对待，而不是逃避。另外，销售员也要对客户的拒绝有所准备，甚至在拜访客户前设定几种情景，并想出应对方法加以练习，这样就不会在客户拒绝时表现得束手无策了。针对以上情景，销售员可以参考以下做法：

销售员："您好！我是××软件公司的销售员小周，几天前我们通过电话，今天是想来专程为您介绍一下我们的产品的。"

客户："哦，不过我们在这方面有固定的合作伙伴，他们的产品我们很满意。所以，我们就不用谈了吧。"

销售员："其实您说的情况我们都了解，贵公司的影响力一直很大，希望与贵公司寻求合作的供货商也很多。我今天来就是为了让您更充分地了解我们公司的产品，不买也没有关系。您看，这是我专门为贵公司做的建议书……"

客户："不过，我们现在的确不缺供货商，也没有换供货商的打算。"

销售员："这个没关系，您可以先了解一下我们的软件，这个软件刚刚升级过，新增加了很多功能。我想像您这样的大公司一定也愿意在订购产品时有更大的选择空间。毕竟您更愿意看到给您带来更高收益的产品，您说是吗？"

客户："你的话有一定的道理，但是我们与现在的供货商已经合作多年了，各项合作事宜都比较顺畅。"

销售员："这我可以理解，贵公司更愿意将精力放在公司的经营上，所以您的公司才能有这样大的影响力，但是如果有供货商能为您提供更优质的产品、更周到的服务，我想贵公司一定不会拒绝，也是愿意花时间来做一下了解的。"

客户："嗯，是的，你刚才说你们软件有很多新功能，能具体介绍一下吗？"

在与客户沟通时，优秀的销售员通常很少考虑销售的后果，而是更注重销售的过程。因为销售员只要将销售中的每一个细节做好，那么结果也自然是好的。真诚是打动客户的法宝，当遭遇客户拒绝时，销售员的真诚可以感化客户，从而打破僵局，实现成交。

金口才的秘密

在面对客户异议时，作为销售人员一定要态度真诚，以下几点可以参考：

1. 表达诚意

销售员可以运用以下方法来表明诚意："这是我们的责任……是我的错……""您这么考虑是正常的，不过……""最迟今天下午 6 点，我会给您满意的答复""我现在就给经理打电话""我立刻去办"。

对于一些情绪化的客户提出的异议，如"这个包装太难看了""我不喜欢这个款式"等，销售员面对客户的借口只要面带微笑就可以了，这些意见和眼前的交易没有太直接的关系，销售员只要以诚恳的态度对待，然后迅速引开话题即可。

2. 积极询问

一般情况下，异议的背后通常有很复杂的原因。所以在没有确认客户异议的重点和程度之前，销售员贸然直接处理客户的异议往往会治标不治本，甚至有可能引起更多的异议。因此，积极地向客户询问尤为重要，多问一些"为什么"，要让客户自己说出原因。

在询问客户问题时，多问一些开放性的问题，这样客户就会说出更多的信息，销售员从中可以做出判断。

3. 准确回答客户疑问

优秀的销售员不但要懂得如何找出客户问题所在，准确回答客户的问题，还要善于选择适当的时机。何时回答客户的问题要具体情况具体对待。一般情况下，疑问是需要立刻回答的，这既是对客户的尊重，也是促成客户购买行为的需要。

将反对意见转化为独特卖点

在销售的过程当中，反对意见是一种非常重要的步骤，如果没有反对的意见，就没有接纳或承诺。

客户的反对意见一般有两种情况：一个是客户的借口，另一个是客户真正的困难。不管是哪一种，只要销售员能像乔·吉拉德那样，将客户反对意见转化为独特的卖点，就能化危机为转机，进而成为“商机”。

营销小插曲

客户：“我已经有同样的东西，不想再找新厂商了！”

销售员：“依您这么说，您是觉得这种产品不错嘛！那您为什么不选择我们呢？我们公司可以为您提供更优厚的运转资金条件，节省下来的资金正好可以付每个月的维修费用，每个月维修等于是免费的呢！”

客户：“我现在没钱，以后再说吧。”

销售员：“听您这么说，意思是这套产品是您真正想要的东西，而且价格也是可以接受的，只是没有钱。我想说的是既然是迟早要用的东西，为什么不早点儿买，早买可以早受益。而且，世界上从来就没有钱的问题，只有意愿的问题，只要决定要，您就一定可以解决钱的问题。”

客户：“价格太高了。”

销售员：“依您这么说，我了解到您一定对产品的品质是相当满意的，对产品的包装也没有什么异议，您心里一定也想拥有这套产品。既然对品质、包装、功效这些重要的事情上是满意的，就没有必要在乎价格的高低，有些时候，价格真的不那么重要。”

客户：“我现在不需要，需要的时候再找你吧。”

销售员：“谢谢您对我的信任。听您的意思是说，现在不需要，以后肯定需要。那就是说您对产品的各个方面都是相当满意的，是吧？既然以后肯定需要，为何不现在买呢？我很难保证以后您可以以这么低廉的价格买到品质这么好的产品。”

客户的反对意见具有双重属性，它既是交易的障碍，同时又是很好的交易契机。销售员倘若能坚持不懈，不断探求客户的异议点，就能够使客户在事实面前认可你的产品，也就能够及时将客户的反对意见转化成独特的销售卖点。

将客户的反对意见转化为独特卖点是一种更积极也更高明的销售技巧。在使用这种技巧时，销售员首先需要明确：与客户进行胜负辩论毫无意义。销售员与客户之间的关系如同镜子的反射原理。销售员以何种态度对待客户，客户也会以相应的态度来对待销售员。因此，销售员在与客户沟通时需要记住：不要伤害客户的尊严。

金口才的秘密

很多客户在购买商品时，会提出款式过时的反对意见。针对款式过时的异议，销售员可以从价格方面或者产品特点方面来化解。如：

（1）销售员：“哪里过时了！”

（2）销售员：“这是我们去年的库存。”

（3）销售员：“是的，所以我才要跟你说，现在买最划算……”

（4）销售员：“是的，它跟去年有些相似，只是这真的是今年的款，因为差别不大，所以你没看出来，它的特点是……”

上面销售员的四种回答中，“哪里过时了”是直接地反驳客户，潜台词是客户没有一点儿常识，会让客户感觉很不受尊重；“这是我们去年的库存”意味着产品是因为没有销售出去，所以打折促销，无形中降低了产品的价值；“是的，所以我才要跟您说，现在买最划算……”是积极地化异议为卖点；“是的，它跟去年有些相似，只是这真的是今年的款，因为差别不大，所以你没看出来，它的特点是……”将话题引到产品的特点上，销售员可以顺着客户的话锋继续强调卖点。利用客户提出的异议，继续强化购买欲望是最积极的处理方式。

销售员切记，客户有多种选择的权利。因此，在处理反对问题时，销售员不能伤害客户的尊严。

小心谨慎，处理客户过激的异议

销售领域中客户就是上帝。无论客户脾气多么暴躁，如果在购买或者使用产品时产生过激的异议，责任都在销售员。所以想要成为一名好的销售员，应多从自身找问题，从客户角度考虑问题，给客户最周到的服务和最满意的答复。在客户提出异议时，无论出于什么原因，销售员都应尽量保持良好的态度，不与客户发生争执。

营销小插曲

在一家大型商场里，一个化妆品专柜正在举办促销活动，销售员小敏正在为客户讲解化妆品的使用知识。忽然，一个带着墨镜和帽子的女孩气冲冲地走了过来，大喊着要退货，小敏看到后马上走了过去。

销售员：“小姐您好，请问我有什么能够帮助您的吗？”

客户：“给我退货吧，你们卖的是什么产品？简直是在害人！”

销售员：“小姐，您怎么这样说话呢？”

客户："我这么说话是客气的，你看看你们的产品把我的脸毁的。赶紧给我退货！"（摘掉墨镜）

销售员："使用我们的产品几乎是不会出现过敏反应的，可能是您使用其他产品导致的吧。"

客户："你们还想推卸责任，用你们的产品之前我的脸一直是好好的，不是你们的产品造成的还是我自己故意弄的不成？我要求马上退货！"

这时，该专柜周围已经围了不少人，听说有人使用产品之后过敏，不少购买者都露出了怀疑的目光。

销售员与客户发生争执，最终只会影响自己的销售工作。一些没有经验的销售员经常会像上面的销售员一样，因为一些不必要的争执而使销售工作受到影响，不仅丢失了客户，而且也影响了公司的声誉。针对以上情景，销售员可以参考以下做法。

客户："给我退货吧，你们卖的这是什么产品，简直是在害人！"

销售员："小姐，您在使用过程中遇到什么问题了吗？"

客户："问题？你看看你们的产品把我的脸毁的！赶紧给我退货！"（摘掉墨镜）

销售员："真是对不起，本来您来买我们的产品是想护肤，却给您带来了麻烦。请问您使用的是哪个系列的产品呢？"

客户："你自己看吧。"（从挎包里拿出一瓶化妆品）

销售员："请问小姐是如何使用的呢？"

客户："当然是直接用在脸上了，还能怎么用？别啰唆了，快给我退货吧。"

销售员："在涂抹这款面霜之前您使用了别的化妆品吗？比如其他品牌的化妆水或者乳液之类的。"

客户："用过啊，谁涂面霜之前不用紧肤水啊？别说了，你赶快给我退了吧！"

销售员："看您的皮肤应该是属于干燥肌肤，对化妆品中的各种物质可能都会相对敏感一些。如果您使用的紧肤水和面霜品牌不同，可能就会有过敏的反应。”

客户：“怎么可能？和这种用法有什么关系吗？”

销售员进一步向客户耐心解释。

对于销售工作来说，任何争辩都没有意义，唯有消除客户的怒气，处理好与其之间的关系，才能继续顺利地开展销售工作。

金口才的秘密

销售员的工作职责是卖出产品，而不是为了让自己在与客户的争论中占据上风。当客户表示出过激的异议时，销售员一定不要与其展开争执，否则只能是“火上浇油”，使销售工作更加难于进行。那么，当客户提出过激的异议时，销售员应该如何避免与客户发生争执呢？

1. 不能直接反驳客户

当客户表现出不满情绪的时候，就会提出过激的异议，在这种情况下，倘若销售员不管不顾地与客户直接进行辩驳，那么，很大程度上会使客户产生愤怒情绪，甚至令客户恶语相向或大打出手。在销售某产品或服务的时候，销售人员应处于主动地位，把控销售的整个过程，使之能顺利进行下去。因此，当客户提出过激的异议的时候，销售员在与之沟通的时候就要善于利用具体的形势。

当客户提出的过激异的议与交易的产品或服务无关时，销售人员最好是默默承受；倘若客户主要是针对产品或服务提出过激的异议时，销售人员可以先对客户的异议表示肯定，之后再慢慢推翻客户的不当言论，引领客户接受自己的观点。比方说：“我非常赞同您的看法，只是……”或“我对您的心情表示理解，不过……”如此一来，销售人员在保住客户颜面的情况下，才能顺利发表自己的意见或看法。

2. 注意遣词造句

当销售员在工作的时候，他的多数时间都是在运用语言在与客户进行相关的沟通，所以，对于销售员来说，若想卖出产品或服务，就需要具备良好的口才技能。所以，掌握一定的语言技能对于销售员非常重要。

对于销售员来说，其进行推销工作离不开两件“法宝”，这两件“法宝”分别为：优质的服务态度与逻辑性清晰的语言。不管客户提出怎样过激的异议，销售员都必须时时刻刻保持自己的理智，对客户报以诚恳认真的态度，微笑着用不紧不慢的语气与客户进行交谈，并且有意识地维护客户的心情，说漂亮话，让客户的怒气慢慢沉淀下来，如此一来，就能化解紧张的销售气氛，使销售工作顺利开展下去。